Euridice Orlandino • Maria Balì • Giovanna Rizzo

A2

corso di italiano

Espresso
ragazzi

2

libro studente e esercizi
+ ebook interattivo

Cos'è ESPRESSO Ragazzi?

È un corso di lingua italiana per studenti **adolescenti** e **preadolescenti** diviso in tre livelli (A1, A2 e B1). Questo è il secondo volume, rivolto a studenti **post principianti**.

I suoi punti di forza sono la chiarezza, la varietà delle attività proposte e l'adattabilità. Grazie a una progressione graduale, ad attività agili e ben articolate e a numerosi strumenti di sintesi, ripasso e autovalutazione, offre agli studenti la possibilità di comunicare lungo tutto il percorso di apprendimento.

ESPRESSO Ragazzi si ispira ai principi metodologici moderni e innovativi del corso per adulti NUOVO Espresso, ma presenta caratteristiche proprie calibrate sui bisogni e gli interessi degli studenti adolescenti:

- **testi scritti e orali** centrati su temi, modalità relazionali e luoghi di aggregazione di particolare rilevanza per questa fascia di età (amici, scuola, famiglia, tempo libero, sport, ecc.)

- numerose **attività di autonarrazione**, di coppia e di gruppo, creative e dinamiche

- tavole a **fumetti** sui sei ragazzi protagonisti del volume (Marco, Anna, Sofia, Mina, Valerio e Italo)

- **project work** per il lavoro cooperativo

- un **videocorso** con episodi centrati su quattro adolescenti (Luna, Elena, Davide e Matteo) e abbinati ad attività grammaticali e lessicali nel libro dello studente

- una **videogrammatica** sui contenuti degli episodi

- **videoquiz linguistici** sui temi presentati nel corso

Come funziona ESPRESSO Ragazzi?

Il **libro studente** contiene una lezione introduttiva seguita da otto altre unità.
Ogni lezione si conclude con un lavoro di sintesi fondato sui principi dell'apprendimento cooperativo (**PROGETTO**).
Seguono poi:
- un'agile sintesi grammaticale e funzionale (**GRAMMATICA**)
- una scheda di riflessione interculturale (**CIVILTÀ**)
- (ogni due lezioni) una sezione di attività sui contenuti degli episodi del videocorso (**VIDEO**)
- due pagine di autovalutazione (**BILANCIO**)
- una pagina per la memorizzazione delle parole ed espressioni più importanti presentate nella lezione (**VOCABOLARIO ESPRESSO**)

Dopo le lezioni lo studente trova:
- otto capitoli di ESERCIZI con attività extra di comprensione orale (gli esercizi per il ripasso degli elementi introdotti in un'attività specifica sono indicati con il simbolo E)
- quattro TEST a punti sulle quattro abilità

Cosa altro comprende ESPRESSO Ragazzi?

Un **ebook interattivo** che
- consente di accedere, sia online che offline, a tutti i contenuti del libro (inclusi gli audio e i video) da computer, tablet o smartphone
- dà allo studente la possibilità di svolgere gli esercizi in modalità interattiva con autocorrezione
- dà all'insegnante la possibilità di creare classi virtuali, assegnare compiti e monitorare il lavoro e i progressi degli studenti

Una **guida per l'insegnante**
disponibile gratuitamente online

un'**area web dedicata** con gli **audio**, i **video**, le **soluzioni**, gli **esercizi interattivi** e **altri materiali gratuiti**
vai su **www.almaedizioni.it/espresso-ragazzi**

Materiali extra online: vai su www.alma.tv!

ALMA TV è la prima web TV dedicata alla lingua e alla cultura italiana. Offre contenuti supplementari completamente **gratuiti** e suddivisi per livello che consentono di approfondire i temi proposti nel corso o scoprirne di nuovi:

- videoquiz
- fumetti animati
- brevi film con attività
- videopillole di grammatica e lessico
- video su cultura, arte, letteratura

INDICE

	Titolo	Comunicazione	Grammatica e lessico
LEZIONE 0	**Bentornati!** p. 7	• rifamiliarizzarsi con i protagonisti • capire brevi resoconti di vacanze • raccontare le proprie vacanze	• il passato prossimo • la famiglia • passioni e occupazioni
LEZIONE 1	**In giro per negozi** p. 9 **Grammatica 1** p. 20 **Civiltà 1** La moda italiana p. 21 **Bilancio 1** p. 22 **Vocabolario Espresso 1** p. 24	• descrivere e acquistare capi di abbigliamento • chiedere ed esprimere gusti e opinioni • fare la spesa • indicare quantità • dare ordini • capire brevi pubblicità • fare confronti (1)	• i colori • l'abbigliamento • *sembrare* • i pronomi indiretti • il dimostrativo *quello* • *volevo* • la particella *ne* • l'imperativo informale regolare • l'interrogativo *quanto* • il comparativo (maggioranza e minoranza)

LEZIONE 2	**Ti ricordi?** p. 25
	Grammatica 2 p. 34
	Civiltà 2
	  Gli stranieri in Italia p. 35
	VIDEO 1
	  Che colore ti piace? p. 36
	Bilancio 2 p. 38
	Vocabolario Espresso 2
	p. 40
		• descrivere la personalità
		• parlare di animali
		• descrivere situazioni e abitudini passate
		• parlare della propria infanzia
		• raccontare e informarsi su episodi importanti della vita
			• aggettivi di personalità (1)
			• *avere bisogno / paura di*
			• gli animali
			• l'imperfetto regolare e irregolare
			• la particella *ci*
			• l'uso del passato prossimo e dell'imperfetto (1)
			• *sia... che...*

LEZIONE 3	**Stare insieme** p. 41 **Grammatica 3** p. 52 **Civiltà 3** I gesti italiani p. 53 **Bilancio 3** p. 54 **Vocabolario Espresso 3** p. 56	• descrivere aspetto, stile e personalità • raccontare incontri romantici o insoliti • parlare di convivenza e questioni sentimentali • esprimere stupore • fare confronti (2) • indicare le capacità proprie e altrui	• le caratteristiche fisiche • *né... né...* • il passato prossimo dei verbi riflessivi • il comparativo di uguaglianza • *sapere* + infinito • *qualcuno / nessuno* • il partitivo • *cominciare* e *finire* al passato prossimo • *qualche* • aggettivi di personalità (2)

LEZIONE 4	**Vieni anche tu?** p. 57
	Grammatica 4 p. 66
	Civiltà 4
	  La musica italiana p. 67
	VIDEO 2
	  Stai scherzando? p. 68
	Bilancio 4 p. 70
	Vocabolario Espresso 4
	p. 72
		• parlare dei propri interessi culturali
		• capire brevi programmi culturali
		• invitare qualcuno a fare qualcosa
		• accettare e rifiutare una proposta
		• insistere
		• esprimere irritazione
		• ideare un programma culturale
			• *stare* + gerundio
			• l'accordo tra il pronome diretto e il participio passato
			• i gerundi irregolari
			• *ancora / già*
			• i pronomi con i verbi modali seguiti da un infinito
			• i pronomi relativi *che* e *cui*

	Titolo	Comunicazione	Grammatica e lessico
LEZIONE 5	**Nord, sud, est, ovest** p. 73 Grammatica 5 p. 82 Civiltà 5 Stereotipi p. 83 Bilancio 5 p. 84 Vocabolario Espresso 5 p. 86	• descrivere le proprie abitudini in materia di viaggio • raccontare esperienze di viaggio • indicare la durata di un tragitto • esprimere curiosità, contentezza, sorpresa e dispiacere • raccontare un viaggio catastrofico • elaborare e presentare un questionario	• *sapere* e *conoscere* al passato prossimo e all'imperfetto • sinonimi di *bellissimo* • *tutti i / tutte le* • l'uso del passato prossimo e dell'imperfetto (2) • *volerci* • *mentre / durante*

LEZIONE 6	**Stare in forma** p. 87
	Grammatica 6 p. 98
	Civiltà 6
	  Sport e adolescenti p. 99
	VIDEO 3
	  Scusi, si sente bene? p. 100
	Bilancio 6 p. 102
	Vocabolario Espresso 6 p. 104
		• parlare di piccoli disturbi di salute e indicare rimedi
		• dare consigli per una vita sana
		• descrivere le proprie abitudini sane e poco sane
		• chiedere consiglio in farmacia
		• indicare preferenze in ambito sportivo
		• capire una breve lezione di ginnastica
			• *andare + da*
			• l'imperativo irregolare
			• *servire a*
			• le parti del corpo e i plurali irregolari
			• l'imperativo con i pronomi
			• *alcuni*
			• espressioni con *avere* (*sonno, fame, sete, fretta*)
			• gli sport
			• *bene / meglio / benissimo, buono / migliore / ottimo*

LEZIONE 7	**Cosa farò da grande** p. 105 Grammatica 7 p. 114 Civiltà 7 Studenti italiani all'estero p. 115 Bilancio 7 p. 116 Vocabolario Espresso 7 p. 118	• capire brevi annunci di lavoro • indicare progetti futuri • descrivere la propria vita futura • scrivere una lettera di presentazione e un CV • partecipare a un breve colloquio di lavoro • condurre un sondaggio sui progetti professionali dei compagni di scuola	• il mondo del lavoro • *bisogna* • il futuro semplice regolare e irregolare • formule di apertura e chiusura di lettere formali • il superlativo assoluto • *metterci* • la forma impersonale con *si*

LEZIONE 8	**Casa dolce casa** p. 119
	Grammatica 8 p. 128
	Civiltà 8
	  Il "made in Italy" p. 129
	VIDEO 4
	  Cosa farò da grande p. 130
	Bilancio 8 p. 132
	Vocabolario Espresso 8 p. 134
		• capire brevi annunci immobiliari
		• descrivere appartamenti e quartieri
		• fare ipotesi
		• dare consigli
		• esprimere desideri
		• fare proposte
		• risolvere conflitti
		• descrivere l'appartamento ideale
		• produrre un fumetto
			• tipi di appartamenti, ambienti della casa e arredamento
			• l'aggettivo *bello*
			• il condizionale presente regolare e irregolare
			• il secondo termine di paragone con *che*
			• i numeri ordinali
			• la posizione dell'aggettivo *grande, nuovo* e *vecchio*
			• il superlativo relativo

Esercizi 1	p. 136	**Esercizi 3**	p. 148	**Esercizi 5**	p. 160	**Esercizi 7**	p. 172
Esercizi 2	p. 140	**Esercizi 4**	p. 152	**Esercizi 6**	p. 164	**Esercizi 8**	p. 176
Test A	p. 145	**Test B**	p. 157	**Test C**	p. 169	**Test D**	p. 181

LEZIONE 0 — Bentornati!

1 Il primo giorno di scuola

È settembre e i protagonisti di "Espresso Ragazzi" sono tornati a scuola. Leggi il fumetto, poi forma frasi logiche, come nell'esempio sotto.

Bentornati, ragazzi! Avete fatto belle vacanze? Dove siete andati di bello?

Io sono stata al mare in Croazia con i miei genitori e le mie terribili sorelle!

Io sono andata con mio fratello Italo a un festival di musica in Puglia. È stato fantastico!

Io sono rimasto in città... Una noia mortale!

Io sono stata a Londra, e da sola! Ho fatto una vacanza-studio per imparare l'inglese. Ora lo parlo bene... Più o meno!

Tommaso è andato a vivere con il padre a Buenos Aires, vero?

Sì, nuovi amici, nuova scuola... Ha cambiato vita!

Un'altra persona qui ha cambiato vita da poco. Vi presento un nuovo compagno. Valerio, puoi raccontare qualcosa su di te?

Eh.... Ho 16 anni, sono di Livorno, ma vivo a Roma da tre mesi. Non ho fratelli, ma ho un cane stupendo. Si chiama Zami. Ogni volta che ho tempo vado in giro con lui.

1. Mina è partita
2. Marco non ha
3. Anna ha passato
4. Sofia è stata
5. Valerio ha cambiato
6. Tommaso è andato

- a città poco tempo fa.
- b le vacanze in Italia.
- c a vivere in un Paese straniero.
- d con il padre e la madre.
- e fatto vacanze.
- f in Inghilterra.

Bentornati!

2 Com'è la tua nuova classe?

Valerio è tornato a casa. Ascolta il dialogo tra lui e sua madre e abbina le informazioni ai ragazzi.

	Marco	Mina	Valerio	Sofia	Anna
1 ama i tag, i graffiti e i murales	☐	☐	☐	☐	☐
2 il suo hobby è la musica	☐	☐	☐	☐	☐
3 è una studentessa molto brava	☐	☐	☐	☐	☐
4 va sullo skateboard	☐	☐	☐	☐	☐
5 parla continuamente	☐	☐	☐	☐	☐

Adesso leggi il dialogo e controlla le tue risposte.

- ■ Ciao, tesoro!
- ▼ Ciao, mamma... Ciao, Zami! Vieni qui! Bello!
- ■ Allora, com'è andato questo primo giorno? Com'è la tua nuova classe? Sei contento?
- ▼ Sì, molto. In classe ci sono diversi ragazzi molto simpatici.
- ■ Ah, sì?
- ▼ Sì, Mina, che è di origine marocchina ed è bravissima a scuola... Sofia, una ragazza molto divertente che parla sempre. Marco, che invece parla poco e fa skateboard, e Anna, che suona in un gruppo. Forse sabato usciamo tutti insieme.
- ■ Ottimo! Così presenti Zami ai tuoi nuovi amici!
- ▼ Sì, vorrei fare una passeggiata per il quartiere di Ostiense, dicono che ci sono molti murales bellissimi.
- ■ Mio figlio, il grande esperto di tag, graffiti e murales in Italia! Anch'io vorrei vederli! Posso venire con voi?
- ▼ Mamma, magari un'altra volta, eh?

murales a Ostiense, Roma

3 E tu?

E tu che cosa hai fatto durante le ultime vacanze?
Hai viaggiato, hai visitato posti nuovi, sei tornato in posti conosciuti, sei rimasto in città, sei partito con la famiglia, con altre persone o da solo?
Parlane con un compagno.

Ora che conosci anche Valerio, bentornato a lezione e buon corso!

LEZIONE 1 — In giro per negozi

Grammatica
- i pronomi indiretti
- *quello*
- la particella *ne*
- l'imperativo informale regolare
- il comparativo

Comunicazione
- Cerco un vestito.
- Che taglia porta? – La small.
- Ti sembra troppo elegante?
- Volevo un po' di prosciutto.
- Assaggia!
- I supermercati sono meno cari.

1 ESERCIZIO Colori e materiali
Completa con i colori e i materiali della lista.

| rosso | blu | rosa | bianco | cotone | righe | viola |

 _____
 nero
 grigio
 _____
 _____
 arancione
giallo

marrone
verde
_____
celeste
_____
beige

 a _____
 a quadri
 a pois
 a tinta unita

 di lana
 di _____
 di pelle / cuoio

In giro per negozi

2 LEGGERE Che cosa indossano?
Leggi le descrizioni e osserva l'immagine, poi completa i testi con i nomi dei personaggi.

1. _____ ha una **felpa** nera, una **gonna** rossa, un paio di **stivali** e un paio di **occhiali**.
2. _____ porta un paio di jeans larghi, una **maglietta** verde, un paio di sneakers e un cappello rosso.
3. _____ indossa una tuta blu e un paio di **scarpe da ginnastica** gialle.
4. _____ porta un **maglione** arancione a collo alto e un paio di jeans stretti.
5. _____ indossa una camicia grigia, un paio di **pantaloni** neri, un cappotto blu e un paio di **scarpe** nere.
6. _____ ha un **vestito** viola, una **borsa** nera e un paio di stivali marroni.

 a Marco  b Sofia  c Valerio

 d Mina  e Anna  f Italo

plurali irregolari
un **paio** (m.)   due **paia** (f.)

colori
gli aggettivi *beige*, *blu*, *rosa* e *viola* sono invariabili: una gonna **blu**, un vestito **blu**, due felpe **blu**.

Rileggi le descrizioni e abbina le parole evidenziate all'immagine corrispondente.

E 1
E 2

 a _____
b _____
c _____
 d _____
  e _____

 f _____
 g _____
 h _____
 i _____
 L _____

10 | dieci

LEZIONE 1

 In giro per negozi

3 GIOCARE Cerca qualcuno che...

Gira per la classe e intervista i tuoi compagni, come nell'esempio. A ogni studente puoi fare massimo due domande. Se uno studente risponde "sì", scrivi il suo nome nella casella. Vince chi completa per primo lo schema con i nomi dei compagni.

- ■ Porti spesso le scarpe da ginnastica?
- ▼ Sì. / No.

ama i maglioni a collo alto	di solito indossa jeans stretti
porta spesso jeans larghi	porta spesso le scarpe da ginnastica
qualche volta ha la borsa	odia le gonne
indossa le sneakers tutti i giorni	ha spesso la felpa
ha sempre lo zaino	ogni tanto ha il cappello

4 ASCOLTARE Cerco un vestito.

Ascolta il dialogo in un negozio di abbigliamento tra una commessa, Mina e sua madre. Poi abbina le domande alle risposte.

1. Mina e la madre cercano un vestito...
   - a) Per un'occasione speciale.
   - b) Per tutti i giorni.

2. Cosa pensa la madre del primo vestito?
   - a) Lo trova brutto.
   - b) Lo trova carino.

3. E Mina?
   - a) Lo adora.
   - b) Lo detesta.

4. Com'è il secondo vestito?
   - a) Semplice.
   - b) Elegante.

5. Alla fine quale vestito prova Mina?
   - a) Il primo.
   - b) Il secondo.

6. Che cosa motiva la scelta della madre?
   - a) Il gusto di Mina.
   - b) Il prezzo.

LEZIONE 1

In giro per negozi

Adesso leggi il fumetto e controlla le tue risposte.

In giro per negozi

pronomi indiretti

mi
ti
gli, le, Le   piace / piacciono
ci   sembra / sembrano
vi
gli

Quello

quel modello   quei modelli
quello studente   quegli studenti
quell'amico   quegli amici
quella ragazza   quelle ragazze
quell'amica   quelle amiche

Leggi le due frasi estratte dal fumetto e seleziona l'opzione esatta per le parole **evidenziate**.

| a | Le piace **questo** modello? | indica un oggetto lontano / vicino |
| b | Allora perché non provi **quel** modello? | indica un oggetto lontano / vicino |

Adesso abbina le domande alle risposte. Poi rileggi il fumetto alla pagina precedente e controlla le tue risposte.

1. Posso aiutarLa?
2. È per un'occasione speciale?
3. Che taglia porta?
4. Quanto viene?
5. Lo può provare?

a. La small.
b. 80 euro.
c. Certo, i camerini sono da quella parte.
d. Cerco un vestito.
e. Sì, una festa di 18 anni.

E 3

5 ESERCIZIO Quello

Che cosa dice Sofia? Completa con le forme appropriate di "quello".

quel   quello   quelle   quei   quegli   quella

Aiuto, ho una crisi da shopping!
Non so cosa comprare!
Vorrei prendere tutto!
Mi piace _____ zaino blu...
Ma anche _____ borsa viola!
E _____ pantaloni a pois?
Bellissimi! O forse prendo _____
cappello nero?... Vorrei provare
_____ stivali rossi...
o _____ scarpe verdi?
Come ti sembrano?

E 4

LEZIONE 1   tredici | 13

In giro per negozi

6 PARLARE Che taglia porti?
Lavora con un compagno (studente A e B). Dividetevi i ruoli, leggete le vostre istruzioni e fate un dialogo.

Studente A	Studente B
Entri in un negozio di abbigliamento perché vuoi comprare un paio di pantaloni e una felpa. Il/La commesso/a ti mostra due modelli, ma a te non piacciono e preferisci un colore diverso. La taglia non va bene e il prezzo è troppo alto.	Hai cominciato poco tempo fa a lavorare in un negozio di abbigliamento durante l'estate. Devi assolutamente vendere! Arriva un/una cliente: devi soddisfare tutte le sue esigenze e convincerlo/a a comprare qualcosa.

7 ESERCIZIO I nostri gusti
Lavora con un compagno. Osservate le immagini e parlate dei vostri gusti. Seguite il modello.

> ■ Mi piacciono… ma non mi piacciono… e a te? ▼ A me piacciono…

i sandali — le cinture — le camicie — i pantaloncini — le scarpe con il tacco

i piumini — le canottiere — le sciarpe — le minigonne — gli occhiali da sole

Adesso lavorate con un'altra coppia. Ognuno riferisce i gusti propri e i gusti del compagno di prima. Seguite il modello. A turno ogni studente forma una frase.

> Mi/Gli/Le/Ci piacciono… Non mi/gli/le/ci piacciono… E a te? E a voi?

E 5

8 ASCOLTARE Quanto viene al chilo?
Valerio fa la spesa (= compra cibo). Ascolta il dialogo nell'alimentari e completa lo schema con il prezzo e la quantità. Non leggere il dialogo alla pagina successiva!

g = grammo
kg = chilo
Attenzione: 100 g = un **etto**

	prezzo al chilo (in €)	quantità che vuole Valerio
1 primo prosciutto		
2 secondo prosciutto		
3 olive verdi		

In giro per negozi

Adesso leggi il dialogo e controlla le tue risposte.

- ■ A chi tocca? A te, Valerio?
- ▼ Sì, salve... Volevo un po' di prosciutto di Parma.
- ■ Quanto ne vuoi?
- ▼ Eh... Ne prendo due etti.
- ■ Questo prosciutto qui va bene?
- ▼ Quanto viene al chilo?
- ■ 26 euro.
- ▼ Hm... No, troppo caro.
- ■ Allora prendi quello, viene 22.
- ▼ Ma com'è, buono?
- ■ Buonissimo! Non mi credi? Assaggia!
- ▼ Hm, buono, sì.
- ■ Visto? Segui sempre i miei consigli, sono un esperto di prosciutto!... Altro?
- ▼ Sì, volevo un po' di quelle olive verdi da 8 euro al chilo.
- ■ Quante ne vuoi?
- ▼ Eh... Quattro etti.
- ■ Ecco qui. Poi?
- ▼ Basta così, grazie.
- ■ Grazie a te! Saluta la mamma!

alimentari in Piazza Bernini, Roma

Osserva le frasi estratte dal dialogo:

- ▼ Volevo un po' di prosciutto.
- ■ Quanto **ne** vuoi?
- ▼ **Ne** prendo due etti.

} ne = prosciutto

- ▼ Volevo un po' di quelle olive.
- ■ Quante **ne** vuoi?
- ▼ Quattro etti.

} ne = olive

Il pronome *ne* non cambia mai e si riferisce alla quantità di una cosa nominata prima.

Ora completa lo schema con una nuova forma verbale, l'imperativo. Poi indica qual è la sua funzione.

	prima coniugazione	seconda coniugazione	terza coniugazione
(tu)	assaggi**are** → _____ ! salut**are** → _____ !	prend**ere** → _____ !	segu**ire** → segui !

E 6

Usiamo l'imperativo per: **a** protestare **b** esprimere un'opinione **c** dare ordini

LEZIONE 1 quindici 15

In giro per negozi

9 ESERCIZIO Pubblicità e imperativo
Completa le pubblicità con gli imperativi della lista. Sono possibili soluzioni diverse.

| segui | mangia | compra | vinci | scopri | prova | visita |

_____ una bottiglia di **Acqua Pura** e _____ un viaggio a Venezia!

_____ il centro commerciale **Torino 2** e _____ i nostri super saldi!

_____ sano, _____ i prodotti **BioItalia**!

_____ il tuo istinto!

Trek Star
abbigliamento
per chi ama
l'avventura

E 7

10 PARLARE Quanto ne vuoi?
Lavora con un compagno. Fate un dialogo in un alimentari. Ogni volta sostituite gli alimenti in rosso / in verde (usate i prodotti nelle due liste) e cambiate le parole **evidenziate** in nero. A turno cambiate ruolo.

■ Volevo un po' di **prosciutto**.
▼ **Quanto** ne vuoi?
■ Eh... Ne prendo due etti.
▼ **Questo** prosciutto qui?
■ No, preferisco **quello**.
▼ Va bene. Altro?
■ Sì, volevo un po' di **quelle** olive.
▼ **Quante** ne vuoi?
■ Ne prendo tre etti.

mortadella    pomodori secchi

salame    tortellini freschi

stracchino    carciofini

Quanto prosciutto?
Quanta frutta?
Quanti peperoni?
Quante olive?

Italo informa
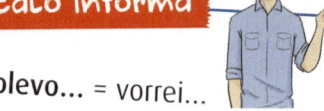

volevo... = vorrei...
Questa forma è molto usata nella lingua parlata.

E 8

In giro per negozi

1 LEGGERE Centri commerciali: pro o contro?
Leggi l'articolo.

Centro commerciale sì, centro commerciale no?
Il parere di alcuni giovani.

il centro commerciale Etnapolis (Catania)

Damiano:
Nei centri commerciali puoi trovare tutto, negozi di abbigliamento, di scarpe, di articoli sportivi e per la casa, eccetera. I prezzi sono più bassi. Per esempio i supermercati sono meno cari dei piccoli alimentari tradizionali (dove fa ancora la spesa mia nonna!). Un'altra cosa importante è che i centri commerciali sono diventati un luogo di incontro per noi ragazzi, soprattutto in estate, quando in città è tutto chiuso.

Mattia:
Io abito in un piccolo paese vicino a Catania. Qui al centro commerciale posso incontrare gli amici dei paesi vicini, o conoscere gente nuova. Qualche volta la sera vorrei uscire in centro a Catania, ma i miei genitori non sono d'accordo. Secondo loro la città è più pericolosa del centro commerciale, invece qui è più sicuro, perché c'è molta gente, più controllo e sicurezza. Il problema è che è difficile resistere alle tentazioni. Più tempo passi qui, più spendi!

Lara:
Non amo i centri commerciali per molte ragioni. I piccoli negozi non esistono quasi più e i maxistore sono luoghi freddi. Non c'è più un rapporto personale tra negozianti e clienti.... A volte anche la qualità dei prodotti è meno buona. Quando ci sono i saldi o in estate molti miei amici lavorano negli shopping center, ma ricevono stipendi ridicoli. Un ultimo problema: i centri commerciali creano traffico perché attirano migliaia di macchine!

adattato da www.oggimedia.it

Osserva queste frasi estratte dall'articolo, poi completa la regola sotto.

> I supermercati sono meno cari dei piccoli alimentari tradizionali.

> La città è più pericolosa del centro commerciale.

1. Il comparativo di maggioranza si forma così: _____ + aggettivo (+ *di*).
2. Il comparativo di minoranza si forma così: _____ + aggettivo (+ *di*).

LEZIONE 1

In giro per negozi

Rileggi l'articolo alla pagina precedente e indica i vantaggi e gli svantaggi dei centri commerciali, come nell'esempio. Sono possibili soluzioni diverse.

vantaggi	svantaggi
	La qualità dei prodotti è meno buona.

Tu che cosa pensi dei centri commerciali? Li frequenti? Con chi sei d'accordo? Parlane con un compagno.

E 9

12 ESERCIZIO Fare confronti
Lavora con un compagno. A turno formate frasi come nel modello sotto.

il centro città / il centro commerciale   l'alimentari / il supermercato   la lana / il cotone
il verde / il rosso   la felpa / il maglione   il salame / la verdura

pericoloso   bello   freddo   caro   elegante
interessante   caldo   noioso   divertente   sicuro   brutto
economico   buono   semplice   cattivo

> (Secondo me) il centro città è più interessante del centro commerciale.
> (Secondo me) il centro commerciale è meno interessante del centro città.

13 SCRIVERE Come sono vestiti?
Osserva l'immagine a destra e scrivi come sono vestite le due persone. Se vuoi, puoi usare le espressioni e gli aggettivi della lista.

ha uno stile / un look...   porta / indossa / ha...
è vestito/a in modo...

elegante   sportivo   originale   classico
banale   alla moda   alternativo

LEZIONE 1

In giro per negozi

14 ASCOLTARE Tu che cosa devi comprare?
*Anna e Italo vanno in un negozio di abbigliamento intimo e da mare.
Ascolta e seleziona gli indumenti che vogliono comprare i due ragazzi.*

a calzini   b calze   c mutande   d reggiseno

e costume intero   f boxer   g costume a due pezzi   h pigiama

Riascolta e ordina le frasi per formare la sintesi del dialogo, come negli esempi.

☐ ma in realtà è un paio di mutande!
[4] Dopo poco Anna trova un costume,
☐ ma non è un paio di boxer, è un costume!
☐ Poi Italo le mostra alcuni boxer,
☐ Anna e Italo si incontrano per strada.

[9] Anna trova un modello che le piace per il fratello,
☐ allora Italo le chiede un consiglio.
☐ e vanno a cercare boxer, calzini e costumi.
☐ Entrano in un negozio
[7] ma Anna li trova brutti,

E 10

15 PROGETTO Lo *street style* della mia città
Negli ultimi anni su internet sono nati molti "fashion blog", in particolare blog che si occupano di moda informale, cioè di "street style", per esempio: fashiontrotter.blogspot.com, meoutfit.com, o le pagine raccolte sotto "Italy street style" su Pinterest.

Lavora con due compagni. Seguite le istruzioni.
a. Osservate su internet i blog di "street style" italiano e le foto delle persone per strada che hanno uno stile particolare.
b. Prendete uno smartphone o una fotocamera e andate in giro per la vostra città. Fotografate le persone che secondo voi hanno uno stile interessante o originale. Attenzione: consigliamo di fotografare solo persone adulte e di chiedergli sempre l'autorizzazione! (Potete spiegargli su che tipo di progetto lavorate).
c. Mostrate le foto in classe (stampate o sul display) e spiegate perché lo stile di queste persone vi sembra particolare, vi piace o attira la vostra attenzione.

LEZIONE 1

GRAMMATICA 1

GRAMMATICA

1 I pronomi indiretti

forme atone							
mi	ti	gli	le	Le	ci	vi	gli

Le forme atone vanno sempre prima del verbo: *Signora, come **Le** sembra questo modello? – Non **mi** piace.*

forme toniche							
a me	a te	a lui	a lei	a Lei	a noi	a voi	a loro

Le forme toniche si usano:
- per dare enfasi al pronome: ***A lui** questo vestito non piace, ma **a lei** sì.*
- quando non c'è un verbo: *A chi tocca? – **A me**.*
- dopo la preposizione *a*: *Dici **a noi**?*

2 Il dimostrativo *quello*

davanti a:	maschile		femminile	
	singolare	plurale	singolare	plurale
consonante	quel cappello	quei cappelli	quella borsa	quelle borse
vocale	quell'alimentari	quegli alimentari	quell'oliva	quelle olive
s + consonante	quello stivale	quegli stivali		
z	quello zaino	quegli zaini		

3 L'imperativo regolare

	guardare	prendere	seguire	finire
(tu)	guard**a**	prend**i**	segu**i**	fini**sci**
(Lei)	guard**i**	prend**a**	segu**a**	fini**sca**
(voi)	guard**ate**	prend**ete**	segu**ite**	fini**te**

L'imperativo è un modo verbale autonomo. Non fa parte dell'indicativo (come il presente e il passato prossimo).

4 La particella *ne*

Ne indica la quantità di una cosa nominata prima: *Volevo **un po'** di prosciutto. – Quanto **ne** vuoi? – **Ne** prendo due etti.*

5 Il comparativo di maggioranza e minoranza (1)

Il comparativo si forma con *più / meno* + aggettivo + *di*: *Gioia è **più / meno bassa di** Martina.*
Casi particolari: *buono → **più buono / migliore**, cattivo → **più cattivo / peggiore**.*

PER COMUNICARE

comprare vestiti in un negozio

Posso provare questi pantaloni?
Dove sono i camerini?
Quanto viene questo maglione?

fare la spesa in un alimentari

Volevo due etti di quel prosciutto.
▼ Altro?
■ No, basta così, grazie.

chiedere e dare opinioni

■ Come ti sembrano questi pantaloni?
▼ Li trovo molto carini.

■ A me piacciono le gonne, e a te?
▼ Io le odio, preferisco i pantaloni.

fare confronti

Per me il rosso è più bello del verde.
Qui la qualità dei prodotti è meno buona.

CIVILTÀ 1 — La moda italiana

Conosci qualche fashion designer (o stilista) italiano? Chi? Parlane con un compagno. Poi leggi il testo.

L'Italia è famosa in tutto il mondo per i suoi stilisti che vestono le *celebrities* internazionali. Il lusso e l'alta moda non sono solo un simbolo di eleganza e raffinatezza, ma anche un importante settore economico per il Paese, che comprende profumi, cosmetici e gioielli. La capitale della moda italiana è Milano.
Ecco una lista di marchi che hanno reso celebre la creatività italiana.

Giorgio Armani
Uno degli stilisti preferiti dei VIP. Ha rivoluzionato la moda grazie alle giacche da donna "destrutturate" e simili alle giacche maschili. Il grigio è il suo colore prediletto.

Salvatore Ferragamo
Ferragamo crea abiti, ma anche preziosi accessori in pelle come borse, cinture e scarpe di un'eleganza senza tempo apprezzata in tutto il mondo.

Diesel
Più recente delle altre case di moda, il marchio propone collezioni ispirate al gusto dei giovani.

Prada
Prada è al primo posto tra i marchi dell'alta moda italiana. Ha ottenuto il successo grazie a un mix di stile vintage e modernità.

Dolce e Gabbana
I due stilisti siciliani disegnano abiti sensuali ispirati alle tipiche atmosfere mediterranee.

Versace
Versace si caratterizza per lo stile aggressivo, glamour, spesso anticonformista.

Abbina le espressioni al loro significato.

1. fare la storia (di) — libero da regole
2. prediletto — avere un ruolo importante (in)
3. senza tempo — preferito
4. anticonformista — eterno

Cerca nel testo:

a. un sinonimo generico di "vestiti": _____

b. il nome della categoria che comprende scarpe, cinture e borse: _____

Ti interessa la moda? La segui? Spendi molto o poco per l'abbigliamento? Questi stilisti ti sembrano interessanti o no? Perché? Quali stilisti (internazionali) ti piacciono? Parlane con il compagno di prima.

BILANCIO 1

Comunicazione

Indica con il simbolo ✓ che cosa sai fare in italiano. Poi completa lo schema con le espressioni della lista.

	sì 😊	così così 😐	no ☹	frase numero
descrivere l'abbigliamento				
comprare vestiti				
indicare la taglia				
chiedere un'opinione				
fare la spesa				
capire un ordine				
fare un confronto				

1. Gioca e vinci un premio!
2. Come ti sembrano questi pantaloni?
3. La lana è più calda del cotone.
4. Ha una gonna nera e una felpa rossa.
5. Posso provare questo modello?
6. Io porto la large.
7. Volevo due etti di quel salame.

Grammatica e lessico

Una ragazza, Linda, fa la spesa in un alimentari. Completa il dialogo con le espressioni della lista.

| quella | meno | la | meno | questa | quanto | ne | ne | ne | di |

Droghiere: A chi tocca?
Linda: A me. Volevo un po' di ricotta.
Droghiere: Quanta _____ vuoi?
Linda: Eh... _____ prendo tre etti.
Droghiere: _____ qui va bene?
Linda: _____ viene?
Droghiere: Sette euro al chilo.
Linda: _____ ha una _____ cara?

Droghiere: Sì, _____ lì viene 6 euro. Ma è _____ buona _____ questa.
Linda: Ah. Non fa niente, _____ provo, grazie.
Droghiere: Ok. Ecco qui. Altro?
Linda: No, basta così, grazie.

Scrivi l'imperativo informale (con "tu") dei seguenti verbi.

a. comprare → _____ un po' di pane!
b. chiudere → _____ la finestra!
c. aprire → _____ il libro a pagina 16!
d. mangiare → _____ cibo biologico!
e. scrivere → _____ un messaggio a tuo zio!
f. guardare → _____ questa foto!
g. leggere → _____ questo libro!
h. seguire → _____ il mio consiglio!

Unisci le parti di destra e sinistra e forma gruppi di parole coerenti.

1. scarpe
2. maglione
3. occhiali
4. jeans
5. un paio
6. costume

a. da sole
b. di stivali
c. a due pezzi
d. da ginnastica
e. stretti
f. a collo alto

Abilità: ascoltare   🔊 6

*A pagina 17 hai letto che cosa pensano tre giovani dei centri commerciali.
Adesso ascolta l'opinione negativa di quattro altre persone sugli ipermercati, poi abbina le risposte alla foto corrispondente nello schema sotto.*

un ipermercato in Puglia

mercato della Vucciria (Palermo)

	Vincenzo	Marina	Noemi	Edoardo
1 Dove fanno la spesa generalmente queste persone?				
a) al supermercato	☐	☐	☐	☐
b) al discount	☐	☐	☐	☐
c) al mercato	☐	☐	☐	☐
d) all'alimentari	☐	☐	☐	☐
e) nei negozi di alimenti naturali	☐	☐	☐	☐
2 Qual è il loro obiettivo quando fanno la spesa?				
a) comprare tutto rapidamente	☐	☐	☐	☐
b) trovare prodotti di qualità migliore	☐	☐	☐	☐
c) spendere meno	☐	☐	☐	☐
3 Non gli / le piacciono gli ipermercati perché:				
a) lì trova raramente prodotti biologici	☐	☐	☐	☐
b) si annoia nei posti così grandi	☐	☐	☐	☐
c) sono lontani dalla città	☐	☐	☐	☐
d) hanno prezzi alti e offrono molte tentazioni	☐	☐	☐	☐

BILANCIO 1

VOCABOLARIO ESPRESSO 1

nero
bianco
grigio
rosso
rosa
arancione
giallo
verde
marrone
blu
viola
gonna
occhiali
maglietta
scarpe
maglione
pantaloni
vestito
saldi
assaggiare
cappotto
sconto
borsa
volevo...
porto la large
quanto viene?
posso provarlo?
basta così, grazie

Nella foto: Burano (Venezia)

LEZIONE 2 — Ti ricordi?

Grammatica
- gli aggettivi di personalità
- gli animali
- *avere bisogno / paura di*
- l'imperfetto
- la particella *ci*

Comunicazione
- Ho bisogno di bere.
- Ho paura dei topi!
- Da piccola avevo un cane.
- Prima vivevo in campagna.
- Mi manchi!

1 LEGGERE Animali e personalità
Leggi e seleziona il profilo psicologico che corrisponde più o meno alla tua personalità.

Che animale sei?

1. Credi nel futuro, sei idealista e ottimista. Ti piace molto stare nella natura. ☐
2. Ami l'originalità. Sei intelligente, molto sicuro di te, riservato, un po' pigro e silenzioso. ☐
3. Sei dinamico, entusiasta. Ami praticare ogni tipo di sport. ☐
4. Sei una persona tranquilla, dolce, silenziosa e solitaria che ha bisogno di amore e affetto. ☐
5. Hai un forte senso dell'umorismo. Sei vanitoso e ami il lusso e il confort. ☐
6. Ami stare tra la gente e condividere tutto con gli amici… A volte sei un po' invadente! Sei socievole, estroverso, sempre allegro. ☐
7. Sei ambizioso. Vuoi superare i tuoi limiti, avere successo, realizzare i tuoi obiettivi. ☐
8. Sei molto legato alle tradizioni e alla famiglia. Non ami le novità e le situazioni che non conosci, preferisci la routine. ☐
9. Ami la libertà e ti piace sperimentare situazioni nuove. Sei una persona anticonformista. ☐

adatto da www.style.it

Che caldo! **Ho bisogno di** un bicchiere d'acqua. / **Ho bisogno di** bere acqua.

Ti ricordi?

Adesso scopri quale animale corrisponde al tuo profilo!

1. il cane   2. il gatto   3. il cavallo   4. il pesce   5. la tigre

6. l'orso   7. l'aquila   8. la tartaruga   9. il delfino

Ti piace l'animale che corrisponde alla tua personalità? E qual è il tuo animale preferito? Perché? Hai un animale in questo momento? Parlane con un compagno.

2 Adesso abbina gli aggettivi al loro contrario, come negli esempi.

| insicuro | energico | ~~modesto~~ | stupido |
| nervoso | pessimista | introverso | ~~discreto~~ |

a. ottimista _____
b. intelligente _____
c. invadente   _discreto_
d. estroverso _____

e. pigro _____
f. tranquillo _____
g. vanitoso   _modesto_
h. sicuro _____

2 ASCOLTARE Anch'io avevo un cane.
Ascolta il dialogo tra Valerio e Sofia e indica se le informazioni sono vere, false, o non presenti nel testo. Non leggere il fumetto alla pagina successiva!

	vero	falso	informazione non presente
1. Sofia adora i cani.	☐	☐	☐
2. Al fratello di Sofia piaceva il cane.	☐	☐	☐
3. Romeo voleva bene a Sofia.	☐	☐	☐
4. Romeo amava stare all'aria aperta.	☐	☐	☐
5. Sofia viveva in una casa diversa.	☐	☐	☐
6. Valerio aveva diversi animali in casa.	☐	☐	☐

Ti ricordi?

Adesso leggi il fumetto e controlla le tue risposte.

Ho paura dei topi!
Ho paura di vedere un topo!

Nel fumetto alla pagina precedente c'è un nuovo tempo verbale passato: l'imperfetto. Cerca i verbi all'imperfetto e completa lo schema, come negli esempi.

avere	avevo, avevamo		aspettare	
chiamarsi			tornare	
essere	era		volere	
piacere			dormire	
svegliare			vivere	
seguire	seguiva		pensare	

Adesso completa lo schema sulla coniugazione dell'imperfetto con le forme verbali del punto precedente.

	aspettare	vivere	dormire	verbo irregolare: essere
(io)	aspett**avo**	viv**evo**	dorm**ivo**	ero
(tu)	aspett**avi**	viv**evi**	dorm**ivi**	eri
(lui, lei, Lei)		viv**eva**		
(noi)	aspett**avamo**		dorm**ivamo**	eravamo
(voi)	aspett**avate**		dorm**ivate**	eravate
(loro)	aspett**avano**	viv**evano**	dorm**ivano**	erano

3 PARLARE Da piccolo...

Lavora con un compagno (studente A e B). A legge cosa faceva Michela, B legge cosa faceva Davide durante l'infanzia. A turno ogni studente immagina di essere Michela o Davide e formula una frase con l'imperfetto, come negli esempi.

A Michela
- vivere in un piccolo paese
- essere un posto tranquillo
- avere una grande casa con un giardino
- avere due cani
- giocare con loro tutti i giorni
- andare dai nonni in campagna il weekend
- (*i nonni*) avere una fattoria con tanti animali
- la domenica vedere i cugini a casa dei nonni
- divertirsi moltissimo insieme
- tornare a casa la domenica sera stanca e contenta

B Davide
- abitare in un'altra città
- avere una casa piccola ma molto bella
- trascorrere le giornate a casa di una zia
- essere simpatica e divertente
- chiamarsi Maddalena
- spesso il pomeriggio (*noi*) uscire
- passeggiare in centro
- volere molto bene a Maddalena
- la sera tornare a casa con lei
- qualche volta cenare tutti insieme a casa mia

Michela racconta: Da piccola vivevo...   **Davide** racconta: Da piccolo abitavo...

Adesso racconta l'infanzia di Michela e Davide alla terza persona singolare, come negli esempi.

Da piccola **Michela** viveva...   Da piccolo **Davide** abitava...

Ti ricordi?

4 SCRIVERE Questionario sull'infanzia
Rispondi al questionario, come nell'esempio. Alla fine fai le stesse domande a un compagno. Le vostre risposte sono molto simili o molto diverse?

- ■ Quando eri piccolo/a dove vivevi?
- ▼ Vivevo in campagna.

		fare
(io)		facevo
(tu)		facevi
(lui, lei, Lei)		faceva
(noi)		facevamo
(voi)		facevate
(loro)		facevano

Quando eri piccolo/a...	io	il mio compagno
1 Dove vivevi?		
2 Con chi abitavi?		
3 Avevi un amico/un'amica del cuore?		
4 Come si chiamava?		
5 Che carattere aveva?		
6 Quando lo/la vedevi?		
7 Che cosa facevate insieme?		
8 Che cosa facevi la mattina?		
9 E il pomeriggio?		
10 Come trascorrevi il fine settimana?		
11 Qual era la tua attività preferita?		
12 Amavi gli animali?		

E 3
E 4

5 ESERCIZIO Ricordi
Ada, la nonna di Anna, racconta la sua giovinezza. Completa il testo con i verbi tra parentesi all'imperfetto.

E 5

Ah, quanti ricordi! (Essere) _____ il 1965 e io (avere) _____ 20 anni. (Io - abitare) _____ con i miei genitori a Scandicci, un piccolo paese molto vicino a Firenze. (Sembrare) _____ di essere in campagna: ogni tanto per strada (tu - incontrare) _____ oche e galline! All'epoca (io - studiare) _____ chimica: una donna all'università (essere) _____ ancora una cosa abbastanza rara nell'Italia degli anni sessanta! Il Paese (essere) _____ in piena trasformazione: molti giovani – anche amici miei – (trasferirsi) _____ nelle grandi città del nord come Torino o a Milano per studiare o lavorare.
La mia migliore amica (chiamarsi) _____ Rosa e (avere) _____ due anni meno di me. Il sabato sera (noi - andare) _____ a ballare a Firenze: a quei tempi i ragazzi (adorare) _____ i Beatles o i Rolling Stones, ma a me (piacere) _____ anche la musica italiana.

Ti ricordi?

6 ASCOLTARE Un periodo importante

Tre persone rispondono alla domanda: "Può parlarci di un periodo molto importante nella Sua vita?". Ascolta e seleziona l'opzione esatta per ogni persona.

Umberto

1. Umberto **studiava / abitava** a Milano.
2. Milano era **noiosa / divertente**.
3. La ragazza di Umberto lavorava a **Saronno / Milano**.

Agnese

1. Nel suo albergo di famiglia c'erano molti turisti **stranieri / italiani**.
2. Agnese andava **spesso / raramente** al mare.
3. Agnese è **triste / felice** di vivere a Napoli.

Silvia

1. A Silvia **piaceva / non piaceva** la sua nuova casa.
2. A casa di Silvia **c'erano due stanze / c'era una stanza**.
3. Silvia **non invitava mai / invitava spesso** amici.

Adesso leggi la trascrizione e controlla le tue risposte.

Umberto: Un periodo importante nella mia vita? Eh... Sicuramente gli anni dell'università. Vivevo a Saronno. Studiavo a Milano, ci andavo tre volte a settimana, in treno. Ero iscritto alla facoltà di architettura, la mia grande passione ancora oggi. Milano era la città della cultura, della politica, un posto molto stimolante. Avevo una ragazza, abitava anche lei a Saronno. La prima volta che abbiamo parlato ho pensato: "Che donna interessante!". Mi è piaciuta immediatamente. Si chiamava Elisabetta, una ragazza riservata ma molto dolce. Spesso prendevamo il treno per Milano insieme, lei ci lavorava dal lunedì al venerdì, faceva la commessa. Eravamo così innamorati!

Saronno

Agnese: Allora... Un periodo importante per me... Quando vivevo a Sorrento. I miei genitori avevano un piccolo albergo lì, un posto molto silenzioso, tranquillo. Ci venivano soprattutto turisti tedeschi, austriaci, inglesi. Mi sembrava di essere sempre in vacanza: andavo in spiaggia quando volevo, il mare era bellissimo e io mi sentivo libera e felice. Poi ho conosciuto mio marito e sono andata a vivere con lui a Napoli... ed è cambiata la mia vita: mi manca la natura, mi manca l'aria pulita, mi manca tutto!

Sorrento

Silvia: Il periodo più bello della mia vita è stato quando sono andata a vivere da sola a Urbino. Abitavo in una casa molto piccola, ma ero super felice. Avevo una sola stanza, non c'era spazio per fare niente, ma venivano amici a cena quasi ogni sera! Una volta sono arrivate quindici persone: cinque hanno cenato sedute fuori dalla porta di casa! Facevo una vita difficile, ma non mi importava, l'indipendenza per me era più importante di tutto.

Urbino

Leggi le frasi estratte dall'audio e completa la regola sottolineando l'opzione esatta.

a **Umberto**
ci andavo tre volte a settimana
lei **ci** lavorava dal lunedì al venerdì

ci = a Milano / a Saronno

b **Agnese**
Ci venivano soprattutto turisti tedeschi, austriaci, inglesi.

ci = in spiaggia / nell'albergo dei genitori

La particella *ci* sostituisce un luogo nominato prima.

Rileggi la trascrizione e cerca tutti i verbi che esprimono un'azione abituale, ripetuta nel passato o un'azione successa una sola volta. Completa lo schema e la regola sotto.

azioni abituali / ripetute	azioni successe una sola volta

Per raccontare azioni abituali, ripetute nel passato usiamo
a il passato prossimo / **b** l'imperfetto.

7 ESERCIZIO Quando?
Completa le frasi con le espressioni di tempo della lista.

| ogni mattina | di solito | la prima volta che | una volta |

1 Quando avevo 10 anni _____ veniva a prendermi la babysitter a scuola alle 13:00.
2 _____ ho visto il mare avevo 5 anni.
3 Andavo sempre in vacanza dai miei nonni, poi _____ sono andato da mio zio Alessio: mi sono divertito molto di più!
4 Avevamo un gatto, Nerone, che mi svegliava _____ perché voleva mangiare!

8 PARLARE Il tuo periodo importante
Qual è stato un periodo importante per te? Quanti anni avevi? Che cosa facevi? Dov'eri? Come stavi? È successo qualcosa di particolare in un momento specifico? Parlane con un compagno. Pensate ai contesti sotto e seguite il modello (potete usare anche altre espressioni).

| scuola | famiglia | attività sportive | amici | hobby e interessi |

> da piccolo/a, di solito, normalmente, ogni giorno **andavo**...
> una volta, a 10 anni, pochi anni fa, nel 2010 **sono andato/a**...

9 LEGGERE Un'intervista

Leggi l'intervista a Liliana, una donna che è venuta a vivere in Italia. Attenzione: nell'articolo mancano le domande. Devi inserire le domande della lista al posto giusto, come nell'esempio.

a. A Firenze frequenta peruviani o italiani?
b. Firenze è molto diversa dal posto da dove viene Lei?
c. Quando è arrivata conosceva qualcuno a Firenze?
d. Pensate di tornare in Perù, un giorno?
e. Perché avete deciso di lasciare il Perù?
f. Da quanto tempo abita a Firenze?
g. Com'è stato restare lontana da Suo marito per un lungo periodo?
h. Com'è stato imparare l'italiano?

Una peruviana a Firenze: la storia di Liliana

1 _____
Sono arrivata dal Perù sette anni fa. Sono venuta con mio figlio, che all'epoca aveva 4 anni.

2 _____
Mio marito. Lui abitava già qui. È partito per primo, tre anni prima di me. È venuto in Italia per trovare lavoro.

3 _____
Il Perù era (ed è ancora) un Paese povero. Eravamo in difficoltà, così mio marito ha preso questa decisione. Ricordo molto bene il giorno della sua partenza, ero davvero triste.

4 _____
Molto difficile, non solo per me, ma anche per mio figlio, che nei primi anni di vita non ha quasi mai visto il padre. Io e mio marito ci parlavamo ogni giorno per telefono, gli scrivevo anche ogni tanto.

5 _____
Moltissimo! È una città molto più grande del mio paese in Perù. All'inizio qui mi muovevo con difficoltà, mi perdevo sempre, avevo quasi paura quando uscivo!

6 _____
Non troppo difficile, soprattutto perché mio marito lo parlava già bene quando io sono arrivata.

7 _____
Sia peruviani che italiani. A Firenze la comunità peruviana è molto grande e organizzata. Adesso ho rapporti anche con gli italiani, soprattutto grazie alla scuola di mio figlio. Lui si trova molto bene con i suoi compagni e a scuola prende buoni voti: sono molto contenta.

8 Pensate di tornare in Perù, un giorno?
Anni fa volevo tornare, ma ho cambiato idea. Ormai viviamo a Firenze da molti anni e la nostra vita è qui. Non voglio obbligare mio figlio a ricominciare da zero in un Paese che non conosce.

adatto da www.storiamestre.it

*Rileggi l'intervista e rispondi alle domande.
Attenzione: sono possibili risposte diverse.*

a. Liliana era contenta in Perù? Perché?
b. Come comunicavano Liliana e il marito quando lei era ancora in Perù?
c. Come si sentiva Liliana all'inizio a Firenze? Perché?
d. Adesso che Liliana è a Firenze ti sembra contenta? Perché?
e. Perché Liliana non vuole tornare in Perù?

sia peruviani **che** italiani = peruviani + italiani

Ti ricordi?

10 ASCOLTARE Mi manca tanto! 9

Anna e Marco parlano del loro amico che è andato a vivere in Argentina, Tommaso.
Ascolta il dialogo e rispondi alle domande.

1 Com'era Tommaso?
- a intelligente
- b ambizioso
- c solitario
- d sportivo
- e tranquillo

2 E com'è diventato?
- a pigro
- b avventuroso
- c vanitoso

Italo informa

Un sacco di
È un'espressione della lingua parlata che significa **molte cose.**

Riascolta il dialogo e seleziona tutto quello che Tommaso faceva a Roma.

litigava spesso con Marco ☐	andava a teatro ☐	litigava spesso con Anna ☐
studiava molto ☐	faceva fotografie ☐	parlava di cinema ☐
stava sempre a casa ☐	parlava con tutti a scuola ☐	faceva rafting ☐

E 12
E 13

11 PROGETTO La nostra memoria

a. Nel 2008 è uscito in Italia un libro intitolato "Io mi ricordo", una raccolta di brevi racconti di persone anziane scritti dai loro nipoti. Sono persone comuni che hanno vissuto durante il Novecento. Leggi un estratto del racconto di Angiolina (1900 - 2001):

> Angiolina, classe 1900, andava a lavorare a piedi. Camminava per più di 10 chilometri nella neve per arrivare alle 6 del mattino. Ha visto due guerre mondiali, la nascita della televisione, la conquista della luna. Un secolo intero. Alla fine della sua vita guardava i computer e i cellulari come strumenti magici, con grande stupore. Ripeteva sempre la frase: "Mai più altre guerre".
>
> adattato da "Io mi ricordo, ritratti di nonni scritti da nipoti", a cura di Giacomo Papi, Einaudi

b. Adesso pensa a una persona anziana importante per te (un nonno/una nonna, un amico di famiglia, un'altra persona che conosci). Fuori dalla lezione intervista questa persona sulla sua giovinezza. Domanda com'era da ragazzo/a, dove abitava, che lavoro faceva, che cosa studiava, quali eventi ha visto, che cosa è successo di importante nella sua vita, ecc. Se possibile, fotografa la persona e/o chiedile un po' di sue vecchie foto.

c. Adesso sintetizza le informazioni in italiano. Attenzione: non devi tradurre, ma fare una lista di frasi semplici, per es: "Lavorava...", "Studiava...", "Abitava a...", "Ha visto...", ecc. Scrivi tra le 60 e le 100 parole.

d. In classe: porta le eventuali fotografie e lavora con due compagni. Ognuno legge le informazioni raccolte e mostra le foto. Poi correggete i tre testi insieme.

e. Infine preparate una presentazione comune delle tre persone: uno studente parla di come sono adesso (quanti anni hanno, dove vivono, ecc.), uno racconta com'erano da giovani, uno mostra le foto al resto della classe. La presentazione deve durare circa 4 minuti.

GRAMMATICA 2

GRAMMATICA

1 L'imperfetto

	verbi regolari		
	aspettare	vivere	dormire
(io)	aspett**avo**	viv**evo**	dorm**ivo**
(tu)	aspett**avi**	viv**evi**	dorm**ivi**
(lui, lei, Lei)	aspett**ava**	viv**eva**	dorm**iva**
(noi)	aspett**avamo**	viv**evamo**	dorm**ivamo**
(voi)	aspett**avate**	viv**evate**	dorm**ivate**
(loro)	aspett**avano**	viv**evano**	dorm**ivano**

	verbi irregolari				
	avere	bere	dire	essere	fare
(io)	avevo	bevevo	dicevo	ero	facevo
(tu)	avevi	bevevi	dicevi	eri	facevi
(lui, lei, Lei)	aveva	beveva	diceva	era	faceva
(noi)	avevamo	bevevamo	dicevamo	eravamo	facevamo
(voi)	avevate	bevevate	dicevate	eravate	facevate
(loro)	avevano	bevevano	dicevano	erano	facevano

L'imperfetto fa parte dell'indicativo. Lo usiamo:
- per raccontare azioni abituali nel passato: *Da piccolo **passavo** le giornate a casa di una zia.*
- per descrivere le caratteristiche di persone e situazioni nel passato: *Mia nonna **era** molto bella.*, *Ieri **faceva** molto caldo.*, *Quando **vivevamo** in Toscana **avevamo** un cavallo.*

Nelle frasi al passato usiamo spesso sia l'imperfetto che il passato prossimo, poiché questi due tempi verbali si riferiscono ad azioni di tipo diverso:

azione abituale / di durata indefinita: imperfetto	azione conclusa, avvenuta in un momento preciso: passato prossimo
***Abitavo** a Sorrento,*	*poi **ho conosciuto** mio marito e **sono andata** a vivere con lui a Napoli.*
***Invitavo** spesso amici a cena*	*e una volta **sono arrivate** a casa mia quindici persone!*

2 La particella *ci*

Ci sostituisce un luogo nominato prima:
*I miei genitori avevano un albergo. **Ci** venivano molti turisti.* (*ci* = nell'albergo)
*Abitavo a Saronno, ma studiavo a Milano. **Ci** andavo tre volte a settimana.* (*ci* = a Milano)

PER COMUNICARE

descrivere la personalità

È una persona ottimista.
Ama stare tra la gente.
A volte sei un po' invadente!

descrivere persone nel passato

Mia zia era molto simpatica.
Il mio migliore amico si chiamava Ivo.
Da bambino adoravo gli animali.

descrivere abitudini e situazioni passate

Da piccola giocavo ogni giorno con il mio cane.
Prima abitavo in un piccolo paese.

CIVILTÀ 2 — Gli stranieri in Italia

Leggi il testo, guarda lo schema e completa la classifica nel secondo paragrafo.

Circa un secolo fa l'Italia era un Paese profondamente diverso. Un'alta percentuale della popolazione viveva in uno stato di povertà estrema. Il fenomeno ha spinto molti italiani a emigrare verso il continente americano e l'Europa del nord tra la fine dell'Ottocento e l'inizio del "miracolo economico" italiano negli anni cinquanta. È per questo motivo che oggi in diversi Paesi come gli Stati Uniti, l'Argentina, il Brasile o la Francia esistono enormi comunità di origine italiana. Nessun altro Paese europeo ha avuto un flusso di emigranti per un periodo così lungo.

Paese di origine	popolazione
Cina	265 000
Ucraina	225 000
Romania	1 130 000
Marocco	450 000
Albania	490 000

Intorno agli anni novanta è emerso un fenomeno radicalmente nuovo. L'Italia è diventata un Paese di immigrazione, la destinazione di centinaia di migliaia di persone in cerca di un lavoro e di una vita migliore. Ecco i Paesi di provenienza delle principali comunità straniere residenti nel Paese:

1. _____ 2. _____ 3. _____ 4. _____ 5. _____

Vivono in Italia anche molti filippini, moldavi, indiani, polacchi e tunisini.

Oggi i cittadini stranieri ufficialmente residenti sono circa l'8% della popolazione italiana, cioè approssimativamente 5 milioni di persone che si concentrano in quattro regioni: la Lombardia, il Lazio, l'Emilia Romagna e il Veneto, dove le possibilità di trovare lavoro sono più alte.

Rileggi il testo e abbina le risposte alle domande.

1. Perché gli italiani emigravano?
2. Verso quali Paesi emigravano?
3. Quando si è fermato il fenomeno dell'emigrazione italiana?
4. Che cosa è successo negli anni novanta?
5. Perché gli stranieri vanno a vivere soprattutto in quattro regioni?

a. Perché lì c'è più lavoro.
b. L'Italia è diventata un Paese di immigrazione.
c. Verso Paesi americani ed europei.
d. Perché erano molto poveri.
e. Dopo la seconda guerra mondiale.

Lavora con un compagno. Scegliete un'opzione e parlate del vostro Paese. Se necessario, fate individualmente ricerche in internet e poi confrontate i risultati.

il mio Paese ha una tradizione di emigrazione ↓ quali sono le principali destinazioni degli emigranti?	il mio Paese ha una tradizione di immigrazione ↓ quali sono le principali comunità straniere?

VIDEO 1

CHE COLORE TI PIACE?

1 Prima della visione
Abbina le immagini alle frasi corrispondenti (c'è una frase in più). Poi guarda il video e controlla.

1. Allora, scusa, questo è più elegante.
2. Guarda quanto eri carina!
3. Non trovo un posto dove mettere la macchina...

a

b

2 Dopo la visione
Indica se le affermazioni sono vere o false.

	vero	falso
1. La madre di Elena entra in due negozi di abbigliamento con la figlia.	☐	☐
2. Nel primo negozio Elena compra una camicetta.	☐	☐
3. In generale a Elena non piace il verde.	☐	☐
4. La madre di Elena ha nel cellulare una vecchia foto di Elena.	☐	☐
5. Nel secondo negozio ci sono i saldi.	☐	☐
6. Elena va in camerino a provare una gonna.	☐	☐

3 Aggettivi
Riguarda il video e scrivi il contrario degli aggettivi.

1. brutta _____
2. larga _____
3. invernale _____
4. lungo _____
5. semplice _____
6. economico _____

> **Camicetta**
> *Camicia* e *camicetta* sono sinonimi per il modello femminile. Per gli uomini usiamo solo *camicia*.

4 Abbigliamento

Completa i dialoghi con le parole della lista, come nell'esempio. Poi riguarda il video e controlla.

camicetta | negozio | abito | saldi | taglia

vestiti | troppo | ~~misura~~ | quella

1

Elena No, la mia _____ non c'è più... C'è una _____ carina, ma è stretta; ho visto anche un _____ estivo, ma è corto... _____ corto.
Madre Ma _____ camicetta in vetrina?
Elena Carina, ma è verde. Io la voglio rossa, ma rossa non c'è più della mia ___misura___.

2

Madre Quando eri piccola eri così carina... E ti piaceva il verde! A casa avevi tanti _____ verdi!
Elena Sì, a carnevale, forse, vestita da rana! Dai, mamma, ti prego, il verde! Senti, perché non andiamo in un altro _____?
Madre Ok. C'è un negozio che fa i _____ qui vicino, mi sembra. Sì, allora lascio la macchina qui, che c'è posto.

5 Imperativi

Guarda il video ancora una volta e completa le frasi con i verbi all'imperativo, come nell'esempio.

1 _____ qui, eh!
2 Be', _____ quella verde!
3 _____ quanto eri carina!
4 _____, perché non andiamo in un altro negozio?
5 Allora, _____, questo è più elegante.
6 _____, ma allora quello?
7 Sì, ___scusa___!

Secondo te che cosa significa la formula "scusa" nelle ultime due frasi?

a Ti chiedo scusa perché ho sbagliato.   **b** Aspetta, voglio dare o chiedere un'altra informazione.

> Guarda la **videogrammatica** dell'Episodio 1 e fai i **linguaquiz** delle Lezioni 1 e 2!

BILANCIO 2

Comunicazione

Indica con il simbolo ✓ che cosa sai fare in italiano. Poi completa lo schema con le espressioni della lista.

	sì 😊	così così 😐	no ☹	frase numero
descrivere la personalità				
parlare di animali				
descrivere persone nel passato				
parlare della mia infanzia				
raccontare episodi importanti della vita				

1. Da bambina abitavo in un'altra città.
2. La prima volta che sono stato all'estero avevo 13 anni.
3. È una persona tranquilla e riservata.
4. Mia zia era molto simpatica.
5. Il cane è un animale socievole.

Grammatica e lessico

Completa il cruciverba con i verbi all'imperfetto.

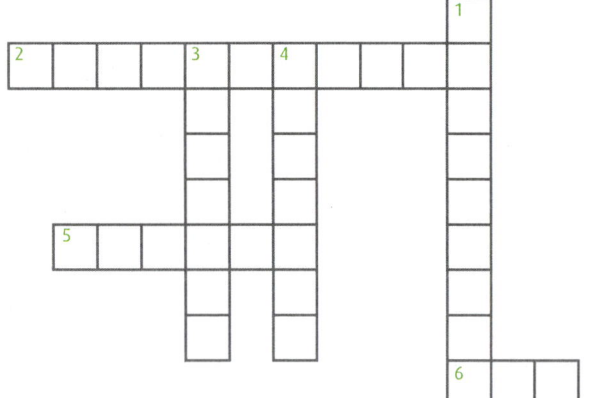

Orizzontali →
2 ascoltare (*loro*)
5 fare (*lui*)
6 essere (*io*)

Verticali ↓
1 dormire (*voi*)
3 leggere (*tu*)
4 avere (*noi*)

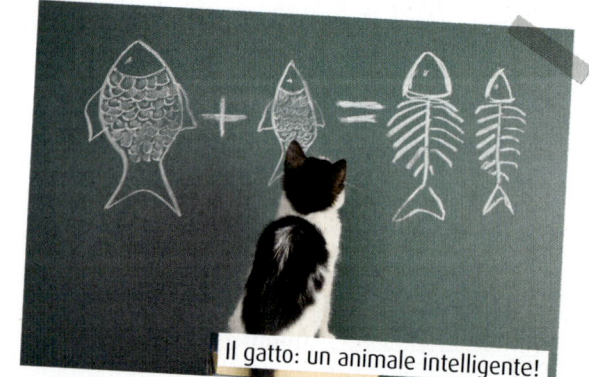

Il gatto: un animale intelligente!

<u>Sottolinea</u> la forma verbale corretta in ogni frase.

1. Da piccola **avevo** / **ho avuto** un gatto nero.
2. Lo scorso Natale **andavamo** / **siamo andati** a trovare i nonni a Como.
3. Anni fa **abitavamo** / **abbiamo abitato** in un piccolo paese. Lì vicino non **ci sono stati** / **c'erano** centri commerciali.
4. Sabato sera **andavo** / **sono andato** al cinema con Costanza.
5. La prima volta che **uscivo** / **sono uscita** da sola il pomeriggio **avevo** / **ho avuto** 14 anni.

Cinque di questi animali sono molto diffusi nelle case italiane. Quali secondo te?

a tigre ☐   d criceto ☐   g orso ☐
b gatto ☐   e pesce ☐   h uccellino ☐
c aquila ☐   f cavallo ☐   i cane ☐

Unisci le parti di destra e sinistra e forma aggettivi di personalità.

1. ottim — oso
2. solit — ente
3. dinam — ista
4. sociev — ico
5. pessim — ario
6. vanit — ico
7. energ — ole
8. intellig — ista

Abilità: scrivere

Descrivi un periodo importante del passato per tuo padre o per tua madre (o un'altra persona adulta della tua famiglia).
Se necessario, prepara una lista di domande e intervista tuo padre o tua madre, poi scrivi un breve testo. Qui trovi una lista di domande utili.

 Quanti anni aveva?

Dove abitava? Con chi?

Come e con chi passava il tempo libero?

Che cosa faceva durante la giornata?

 Era felice o no? Perché?

Com'è finito questo periodo? È successo qualcosa di particolare?

Cerca di usare le espressioni che hai imparato nella Lezione 2, per esempio: di solito, normalmente, una volta, nel 2000, a 20 anni, ogni giorno, da piccolo / giovane...

VOCABOLARIO ESPRESSO 2

ottimista
ambizioso
intelligente
sicuro
pigro
riservato
silenzioso
tranquillo
dolce
solitario
socievole
condividere
allegro
invadente
stupido
pessimista
insicuro
nervoso
modesto
ho bisogno di...
un sacco di...
ho paura!

LEZIONE 3 — Stare insieme

Grammatica
- il passato prossimo dei verbi riflessivi
- il comparativo di uguaglianza
- *sapere* + infinito
- il partitivo
- il passato prossimo di *cominciare* e *finire*

Comunicazione
- Lui ha i capelli ricci.
- Ci siamo divertiti come pazzi.
- Valerio non sa ballare.
- Ho cominciato a frequentare Fabrizia.
- In che senso?

ESERCIZIO Tipi fisici
Completa le immagini con le espressioni della lista.

| è giovane | è bassa | ha gli occhiali | ha i capelli bianchi | è biondo |

1. è mora
2. _____
3. è castana
4. _____
5. ha i capelli lunghi
6. ha i capelli corti
7. ha i capelli lisci
8. ha i capelli ricci
9. ha gli occhi azzurri
10. _____
11. è magra
12. è grasso
13. _____
14. è alto
15. è anziano
16. _____
17. ha i baffi
18. ha la barba

Italo informa
Attenzione! Per essere educato, con le persone devi usare **anziano**, non **vecchio**!

Stare insieme

2 LEGGERE Trova l'intruso!
La classe di Eva Timi è in gita scolastica alla Galleria Borghese di Roma. Nell'immagine ci sono 6 dei suoi studenti e un intruso. Leggi le descrizioni sotto e trova l'intruso!

Non è **né** alta **né** bassa. =
Non è alta. + Non è bassa.

E 1
E 2

[a] Non è né alta né bassa, è castana, ha i capelli corti, gli occhi verdi e porta gli occhiali. Indossa sempre colori molto scuri come il nero o il grigio.

[b] È molto alto e ha i capelli castani ricci. Ha uno stile abbastanza classico.

[c] È alto, biondo e ha i capelli molto corti. Indossa un paio di bermuda e una t-shirt.

[d] Veste in modo elegante, ha una camicia, un paio di pantaloni stretti e le ballerine. È bassa, ha i capelli corti, rossi e ricci e gli occhi verdi.

[e] Ha uno stile elegante, indossa una camicia, una gonna e un paio di ballerine. È alta e bionda, ha i capelli ricci e gli occhi azzurri.

[f] È bassa, mora e ha i capelli lunghi e ricci. È vestita in modo sportivo.

3 GIOCARE Il personaggio misterioso
Formate squadre di tre studenti. Ogni gruppo sceglie un personaggio famoso di oggi e a turno descrive le sue caratteristiche (che carattere ha, quanti anni ha, com'è, che lavoro fa, di che nazionalità è...). Attenzione: tutti i membri di ogni squadra devono parlare.
Gli altri gruppi ascoltano e provano a capire chi è il personaggio. Vince la squadra che indovina più personaggi.

```
ha i capelli / gli occhi...   è moro / alto      ha uno stile / veste in modo...   indossa spesso...
è giovane / vecchio           fa il / la...      è simpatico / antipatico          è di...
```

4 ASCOLTARE Mi sono innamorata.  10
Ascolta il dialogo tra Marco e Sofia e seleziona l'opzione corretta.

Sofia è stata insieme a:

Giulio ☐   Bruno ☐   Saverio ☐

Stare insieme

Adesso leggi il fumetto e controlla la tua risposta.

— Marco, tu sei innamorato, vero?
— In che senso?
— Dai, lo so che Anna ti piace!

— Cambiamo argomento, è meglio!
— Io mi sono innamorata tre volte nella vita.

— Sul serio? Già tre volte?
— Sì, di Giulio, Bruno e Saverio.

— Giulio era moro e aveva due bellissimi occhi neri… Ci siamo incontrati in montagna. Ci siamo divertiti come pazzi!

■ E vi siete messi insieme?
▼ No, non gli piacevo. Ma poco dopo mi sono innamorata di Bruno, in vacanza al mare. Aveva i capelli rossi e gli occhi verdi, era elegante come un principe inglese!

▼ Infatti sapeva andare a cavallo benissimo!
■ Ed era inglese?
▼ Per niente, era di Genova.
■ Così ti sei messa insieme a lui.
▼ No, diceva che parlavo troppo.

— Ma dai!
— Per fortuna dopo ho conosciuto Saverio…

— In vacanza, no?
— Esatto!

■ E lui era bellissimo!
▼ Sì, sì. Alto, biondo, con gli occhi azzurri… Sembrava svedese!
■ Ed era nordeuropeo?
▼ Macché! Era di Bari.

— E stavolta è andata meglio?
— Mica tanto… Siamo stati insieme, sì, ma solo due mesi!

— Hm, le vacanze non ti portano fortuna. A scuola non ci sono ragazzi che ti piacciono? Valerio?
— No… È bello come Saverio e mi sta simpatico, ma lo preferisco come amico.

— Poi non sa ballare, è un problema!
— Eh, sì, un problema grave.

Valerio **mi sta** simpatico / antipatico.

LEZIONE 3

Stare insieme

Rileggi il fumetto alla pagina precedente e completa lo schema con il passato prossimo dei verbi riflessivi, come nell'esempio. Poi seleziona l'opzione esatta e completa la regola.

innamorarsi	_____ (x2)
incontrarsi	ci siamo incontrati
divertirsi	_____
mettersi	_____ _____

Al passato prossimo i verbi riflessivi hanno come ausiliare il verbo **a** avere / **b** essere.
Il pronome riflessivo (*mi, ti, si, ci, vi, si*) si trova **prima dell'** / **dopo l'**ausiliare.

passato prossimo dei verbi riflessivi

- (io) mi sono innamorat**o/a**
- (tu) ti sei innamorat**o/a**
- (lui, lei, Lei) si è innamorat**o/a**
- (noi) ci siamo innamorat**i/e**
- (voi) vi siete innamorat**i/e**
- (loro) si sono innamorat**i/e**

Italo informa

le parole del cuore ♥

stare insieme = avere una relazione
innamorarsi = iniziare ad amare
mettersi insieme = iniziare una relazione
lasciarsi = terminare una relazione

Rileggi il fumetto ancora una volta e abbina le espressioni al loro significato, come nell'esempio.

1. In che senso?
2. Cambiamo argomento!
3. Sul serio?
4. Ma dai!
5. Macché!
6. Mica tanto…

a. Veramente?
b. Non molto.
c. Assolutamente no!
d. Preferisco parlare d'altro.
e. Che cosa vuoi dire?
f. Incredibile!

E 3
E 4

5 GIOCARE Chi ha fatto cosa?

Intervista i compagni: devi trovare una persona che ha fatto queste cose (e scrivere il suo nome su un foglio). Se nelle frasi ci sono parole che non conosci, puoi usare il dizionario o chiedere aiuto all'insegnante prima di iniziare. Attenzione: puoi fare solo tre domande a ogni studente (segui il modello). Quando l'insegnante dice "stop!", vince chi ha scritto più nomi sul foglio.

- ■ Due giorni fa ti sei alzato / ti sei alzata presto?
- ▼ Sì. / No.

Cerca una persona che…

- due giorni fa si è alzata molto presto.
- lo scorso weekend si è divertita molto.
- questo mese si è arrabbiata con i genitori.
- si è svegliata tardi lo scorso fine settimana.
- si è annoiata durante le ultime vacanze.
- si è dedicata per anni allo studio di uno strumento musicale.
- si è addormentata tardi ieri sera.
- lo scorso weekend non si è riposata per niente.

Stare insieme

6 ESERCIZIO Confronti
Osserva l'immagine e fai confronti tra le persone. Usa gli aggettivi della lista e segui il modello.

alto   elegante   grasso   basso   sportivo   magro

Elisa è più / meno... di...
Damiano è... come...

Valerio è bello **come** Saverio.

Elisa   Samuele   Rosetta   Damiano   Donatella   Andrea

7 PARLARE Sul serio?
Lavora con un compagno. Racconta un episodio straordinario della tua vita (un incontro inusuale, una storia divertente, una situazione strana, ecc.). Il tuo compagno deve reagire con le espressioni della lista (o altre: l'importante è esprimere sorpresa). Seguite il modello. Poi invertite i ruoli.

In che senso?   Sul serio?   Che cosa vuoi dire?   Ah, sì?
Ma dai!   Veramente?   Incredibile!   Assurdo!   Che strano!
                        Davvero?

- ■ Un anno fa ho fatto un viaggio meraviglioso.
- ▼ Ah, sì?
- ■ Sì, sono stato in vacanza in Groenlandia.
- ▼ Ma dai!
- ■ Sono andato con i miei genitori. Abbiamo dormito in un igloo!
- ▼ Veramente?
- ■ Sì, poi...

8 ESERCIZIO Cosa sa fare?
Lavora con un compagno. Leggi le attività e immagina cosa sa fare. Poi controlla insieme al tuo compagno se hai indovinato, come nell'esempio.

- ■ Sai pattinare?
- ▼ Sì. / No.

Il mio compagno / La mia compagna sa...

sciare ☐   pattinare ☐   cantare ☐   dipingere ☐   cucinare ☐

Valerio non **sa** ballare.

cucire ☐   suonare il pianoforte ☐   giocolare ☐   accendere un fuoco ☐   andare a cavallo ☐

LEZIONE 3

Stare insieme

9 LEGGERE Forum sulla convivenza

Quando due persone hanno una relazione sentimentale e abitano insieme, si dice che "convivono" ("convivenza" è il nome). Leggi il forum online e poi decidi quale era la domanda iniziale.

1. Perché siete andati a convivere?
2. Convivere a vent'anni: può funzionare?
3. Abitare con amici o convivere: cosa scegliete?

qualcuno ≠ nessuno

 Cristian È difficile prendere una decisione così importante. Il successo di una convivenza dipende da molti fattori diversi… Non so cosa rispondere!

 **Rob** Secondo me alla nostra età non sei indipendente… Non puoi convivere con qualcuno e chiedere soldi a mamma e papà! Così la convivenza può durare per un po', ma poi finisce male.

 Sonia Se due persone vogliono vivere insieme e sanno che tipo di difficoltà devono affrontare, che problema c'è? È bello costruire qualcosa insieme alla persona che ami.

 **Alba** Io ho avuto un'esperienza negativa. La mia convivenza è durata dai 18 ai 20 anni… Eravamo troppo giovani e il nostro rapporto si è trasformato rapidamente in semplice affetto: alla fine eravamo come fratello e sorella! Forse è meglio vivere con degli amici. Per la convivenza c'è tempo.

 Frida Ho 18 anni e non vorrei convivere con nessuno. Sono troppo giovane. Vorrei avere una casa mia e vivere da sola, libera, senza preoccupazioni!

 Piero La convivenza è difficile sempre, non solo a vent'anni. Per convivere senza problemi la soluzione è essere tolleranti con l'altra persona, anche se lui o lei ha delle abitudini strane… Tutto qui!

 **Emma** Secondo me non c'è un'età giusta. L'importante è sentirsi pronti, tutto qui. Se non sei pronto, non lo sei mai, neanche a 30 anni. Io ho 20 anni, sto con il mio ragazzo da due mesi e ho deciso di andare a convivere. Secondo i miei amici abbiamo preso questa decisione troppo presto e rischiamo di lasciarci. È vero… Ma la gente si lascia anche dopo dieci anni di relazione!

adattato da it.answers.yahoo.com

Stare insieme

Osserva le frasi tratte dal forum alla pagina precedente e seleziona il significato delle parti evidenziate.

1 Forse è meglio vivere con **degli amici**.   [a] molti amici   [b] un po' di amici

2 ... anche se lui o lei ha **delle abitudini** strane...   [a] molte abitudini   [b] un po' di abitudini

> Il partitivo indica una quantità indefinita.
> Il partitivo plurale si forma con la preposizione *di* + l'articolo determinativo plurale.
> Ho comprato **dei** libri interessanti. = un po' di libri interessanti

Adesso completa la sintesi del forum con le parole della lista.

| soli | tolleranza | diverse | adulti |
| fase | sentimentale | convivenza | economica |

> I ragazzi che partecipano al forum hanno opinioni _____.
> Uno non sa rispondere alla domanda. Tre sono sfavorevoli alla _____ tra ragazzi, perché a vent'anni la tua relazione _____ rischia di finire presto, perché non hai un'indipendenza _____ e perché prima è meglio vivere da _____. Altri tre, invece, sono a favore: convivere è sempre un'esperienza difficile, anche per gli _____. L'importante è conoscere le difficoltà della vita a due, dimostrare _____ verso il partner e sentirsi pronti per questa _____ della vita.

10 PARLARE Convivenza sì, convivenza no

Secondo te è possibile / giusto o no convivere a vent'anni? Perché? Parlane con un compagno. Puoi fare riferimento alle opinioni dei ragazzi del punto 9 e usare le espressioni del modello, o altre.

- sono d'accordo con... perché...
- per me l'importante è...
- (non) mi sento pronto perché...
- secondo me prima è meglio...
- sono favorevole / sfavorevole alla convivenza perché...

11 ESERCIZIO Il partitivo plurale

Completa le frasi con le parole della lista.

| delle | dei | dei | degli | delle |

1 Ho _____ problemi con la mia ragazza: litighiamo sempre!
2 In coppia è normale dover affrontare _____ difficoltà.
3 Ho _____ amici che sono andati a vivere da soli subito dopo la maturità.
4 Vuoi convivere a 18 anni? Hai sempre _____ idee così strane!
5 Nella mia scuola ci sono _____ ragazzi molto carini!

LEZIONE 3

Stare insieme

12 ASCOLTARE Quando avete cominciato a frequentarvi?
Ascolta il dialogo tra Anna, il fratello Italo e Mina. Poi rispondi alla domanda. Non leggere sotto!

Con quante ragazze ha avuto una relazione Italo nella vita? ☐ una ☐ due ☐ tre

Riascolta e completa il dialogo con le parole della lista.

| è | avete | ci | ci | abbiamo | è | si | ho | hai | vi |

Italo   Ok, va bene, ci vediamo dopo. Un bacio! Ciao ciao!
Anna   Chi era al telefono? Federica?
Italo   Sì, la vedo più tardi.
Mina   Voi due _____ siete conosciuti in biblioteca, vero?
Italo   Sì, eravamo al primo anno di università.
Mina   E quando _____ cominciato a frequentarvi?
Italo   Dopo qualche mese. _____ siamo conosciuti ad aprile e la nostra storia _____ cominciata a settembre.
Mina   Tu hai avuto molte ragazze nella vita oltre a Federica?
Anna   Mina, _____ finito di fare tutte queste domande?
Mina   Perché? Che problema c'è?
Italo   Non c'è nessun problema, tranquilla... No, non ho avuto molte ragazze.
Mina   E chi è stata la prima?
Italo   Una compagna del liceo. Si chiamava Marianna.
Mina   E siete stati insieme per molto tempo?
Italo   Due anni, più o meno.
Mina   E perché la vostra storia _____ finita?
Italo   Non c'è un motivo preciso. _____ finito la scuola e abbiamo preso strade diverse.
Mina   E subito dopo hai conosciuto Federica?
Italo   No, dopo Marianna _____ cominciato a frequentare Fabrizia.
Mina   Ah, allora hai avuto tre ragazze!
Italo   No, no, con Fabrizia _____ siamo solo visti un paio di settimane, non abbiamo mai avuto una relazione, praticamente siamo diventati subito amici, niente di più. Perché tutte queste domande?
Anna   Perché _____ è innamorata per la prima volta in vita sua! Abbiamo un ragazzo nuovo in classe!
Mina   Io innamorata? Macché! Sono solo curiosa!

> **qualche** = un po'
> *Qualche* è sempre singolare:
> **Dopo qualche mes<u>e</u>.**

Adesso completa la regola sui verbi "cominciare" e "finire" con le frasi tratte dal dialogo, come nell'esempio.

passato prossimo dei verbi *cominciare* e *finire*: quale ausiliare?	
avere quando dopo c'è un oggetto diretto o la preposizione *a* / *di* + un verbo	**essere** negli altri casi
E quando avete cominciato a frequentarvi? 	 E perché la vostra storia è finita?

E 8

Stare insieme

13 SCRIVERE Ho cominciato a...
Su un foglio scrivi cinque cose che hai cominciato a fare / che hai finito di fare, e cinque cose che sono cominciate / che sono finite, come negli esempi. Poi mostra le frasi a un compagno e controllate insieme.

> Due anni fa ho cominciato un corso di danza.
> La lezione di italiano è cominciata un'ora fa.
> Ieri ho finito di studiare alle 9 di sera.
> Sabato la festa è finita tardi.

14 LEGGERE Il coinquilino ideale
Dopo la scuola vuoi andare a vivere da solo?
Se no: perche? Preferisci restare a casa dei tuoi genitori? Vivere da soli è troppo costoso o difficile? Pensi di essere troppo giovane e vuoi aspettare qualche anno?
Se sì: con chi vuoi vivere? Con una, o diverse persone? Solo con amici, o anche con estranei? In coppia? Parlane con un compagno.

Adesso leggi questo articolo.

Il coinquilino ideale

Vuoi andare a vivere da solo? Sei pronto a fare questa esperienza? Cerchi un coinquilino per non sentirti solo e dividere le spese? Attenzione: è essenziale trovare la persona giusta! Ecco il profilo del coinquilino ideale:

- **socievole:** ama passare il tempo con le altre persone presenti in casa
- **ordinato:** non lascia vestiti e altri oggetti sparsi per la casa e sa sempre dove si trova tutto
- **rispettoso**: ama divertirsi, ma rispetta i tuoi orari e i tuoi spazi; non organizza feste quando tu devi riposarti o studiare; non ascolta musica a tutto volume; non rimane chiuso in bagno per ore; se mangia il tuo cibo, lo ricompra immediatamente
- **pulito:** non dimentica i turni di pulizia e non lascia cucina e bagno in uno stato catastrofico
- **premuroso:** ti aiuta quando stai male (compra le medicine, prepara il pranzo, ecc.)
- **generoso:** condivide cibo, oggetti, ecc. senza problemi

Ora conosci il profilo del coinquilino ideale, ma non sai come trovarlo? Semplice: oggi esistono diversi siti dove puoi postare un annuncio e cercare altri ragazzi che vogliono dividere casa: stanzazoo.com, bakeca.it, coinqui.it, e tanti altri. Ma la vera novità è Roommates, una *app* facile da usare. Crei il tuo profilo, carichi delle foto e una breve descrizione personale, indichi la città o il quartiere dove cerchi casa, infine aggiungi le tue preferenze: vuoi vivere con persone della tua età? Accetti animali in casa o ne hai uno anche tu? Preferisci vivere con ragazzi, ragazze, o non importa? Con studenti o lavoratori? In base a queste informazioni l'*app* ti offre i profili di persone compatibili da contattare direttamente via chat.

Italo informa

Se hai un / una **convivente**, significa che abiti con il tuo ragazzo / la tua ragazza.
Se hai un / una **coinquilino/a**, significa che vivi con un amico / un'amica.

Stare insieme

Adesso immagina di abitare da solo, di avere un coinquilino e di trovarti nelle seguenti situazioni. Come dev'essere il tuo coinquilino? Abbina le situazioni ai profili descritti nel testo a pagina 49.

	socievole	ordinato	pulito	premuroso	generoso	rispettoso
1 Stai male, non puoi alzarti, ma hai bisogno di mangiare.	☐	☐	☐	☐	☐	☐
2 Hai dimenticato di fare la spesa! Non hai più niente da mangiare!	☐	☐	☐	☐	☐	☐
3 Sei stato solo per tutto il giorno: hai bisogno di parlare con qualcuno!	☐	☐	☐	☐	☐	☐
4 Stasera vuoi cucinare: la cucina dev'essere pulita!	☐	☐	☐	☐	☐	☐
5 Torni a casa molto stanco e vuoi riposarti: stasera hai bisogno di silenzio.	☐	☐	☐	☐	☐	☐
6 Dov'è il telefono? Ma perché non trovi mai niente in casa?	☐	☐	☐	☐	☐	☐

Com'è il coinquilino ideale secondo te? Che cosa fa e non fa? Che cosa sa fare? Parlane con un compagno. Potete usare gli aggettivi dell'articolo a pagina 49, quelli della lista, o altri.

altruista   simpatico   divertente   silenzioso

intelligente   sa ascoltare   sa fare bricolage

E 9

15 SCRIVERE Il coinquilino orrendo

Adesso immagina il peggior tipo di coinquilino: com'è, che cosa fa e non fa?
Fai una breve descrizione delle sue abitudini terribili, come nell'esempio.

> Il coinquilino orrendo invita amici a casa la sera tardi quando devo riposarmi, usa sempre il mio computer ma non mi dà mai la sua bicicletta, comincia a fare rumore alle 6 di mattina, non sa cucinare…

orrore!

Stare insieme

16 ASCOLTARE Voi da quanto tempo convivete? 🔊 12
*Questo dialogo tra tre persone adulte è sulle esperienze abitative di due coppie.
Ascolta e abbina le sintesi alla coppia corrispondente.*

a Non hanno mai abitato con amici quando erano ragazzi.

b Hanno abitato con diverse altre persone quando erano giovani.

☐ **Paolo e Lucia** (convivono da dieci anni)   ☐ **Vittorio e Costanza** (convivono da quindici anni)

Adesso completa le frasi con le parole della lista. Poi riascolta il dialogo e controlla.

| una sola volta nella vita | con i suoi coinquilini | hanno finito di studiare |

| erano studenti | si sono trasferiti | a casa di Lucia |

1. Paolo si è trasferito _____ qualche mese prima di cominciare a lavorare.
2. Vittorio e Costanza vivono in coppia da quando _____.
3. Quando _____, Vittorio e Costanza avevano dei coinquilini terribili.
4. Quando è finita l'università, Vittorio e Costanza _____ in una casa diversa.
5. Lucia ha cambiato casa _____, quando ha lasciato la casa dei genitori.
6. _____ Vittorio ha avuto esperienze sia positive che negative.

E 10

17 PROGETTO Una coppia famosa
Lavora con due compagni.
a. *Pensate a una coppia famosa. Potete scegliere: una coppia moderna, o del passato; una coppia del vostro Paese, o di un Paese straniero; una coppia reale, o immaginaria (letteraria, per esempio). Sotto trovate degli esempi.*

| Romeo e Giulietta | | John Lennon e Yoko Ono |

| Beyoncé e Jay-Z | | Lancillotto e Ginevra |

b. *Cercate informazioni su questa coppia e scrivete la loro storia d'amore. Come e dove si sono incontrati? Quanti anni avevano? È stata una storia d'amore triste o felice? Che cosa è successo di particolare? Perché è una storia famosa?*
c. *Insieme producete un cartellone con il racconto della storia d'amore (di circa 150 parole) e aggiungete delle immagini (foto, disegni o quadri). Potete usare i verbi della lista, o altri.*

| innamorarsi | conoscersi | lasciarsi | mettersi insieme | sposarsi |

LEZIONE 3

GRAMMATICA 3

GRAMMATICA

1 Il passato prossimo dei verbi riflessivi

	divertirsi
(io)	mi sono divertito/a
(tu)	ti sei divertito/a
(lui)	si è divertito
(lei)	si è divertita
(Lei)	si è divertito/a
(noi)	ci siamo divertiti/e
(voi)	vi siete divertiti/e
(loro)	si sono divertiti/e

Ci siamo trasferiti a Trieste l'anno scorso.
Mariella e Luca si sono messi insieme!
Sara si è innamorata di Edo.

2 Saper fare

Il verbo *sapere*, abbinato a un infinito, significa "avere la capacità di": **Non so** *cucinare, prepari tu la cena per favore?, Perché Samuele non viene mai in discoteca? – Perché* **non sa** *ballare!*

3 Indefiniti: qualcuno e nessuno

Qualcuno ha sempre funzione di pronome (sostituisce un nome): *Convivere con* **qualcuno** *è un'esperienza difficile., Conosci* **qualcuna** *delle sue amiche?*
Nessuno ha funzione di:
- aggettivo (accompagna un nome); in questo caso si comporta come un articolo indeterminativo: *Non ho* **nessun** *programma per domani., Non abbiamo* **nessuna** *soluzione.*
- pronome; quando è all'inizio della frase, non è necessaria la doppia negazione: <u>Non</u> *voglio abitare con* **nessuno**!, **Nessuno** *vuole andare al concerto venerdì sera.*

4 Il partitivo

L'articolo partitivo (la preposizione *di* + l'articolo determinativo) indica una parte o una quantità indefinita. È usato sia al singolare che al plurale e significa "un po' di": *Vorrei* **del** *formaggio., Abbiamo comprato* **della** *carne., Ho mangiato* **delle** *arance., Mia madre ha fatto* **dei** *biscotti.*

5 Il passato prossimo di cominciare e finire

con un oggetto diretto: *avere*	con una preposizione (*a / di*) + un infinito: *avere*	negli altri casi: *essere*
Lunedì **ho** cominciato **un corso di danza**. **Hai** finito **i compiti**?	**Abbiamo** cominciato **a** frequentarci sei mesi fa. **Ho** finito **di** studiare alle 18.	La nostra relazione **è** cominciat<u>a</u> in estate. La festa **è** finit<u>a</u> molto tardi.

6 Indefiniti: qualche

Qualche è invariabile e accompagna sempre un nome singolare: *Andiamo a Palermo per* **qualche giorno***.*

PER COMUNICARE

descrivere l'aspetto

Marzia non è né alta né bassa.
Mio padre ha la barba.
Lorenzo porta gli occhiali.

parlare di questioni sentimentali

Luisa e Duccio si sono lasciati la settimana scorsa.
Io e Ivan siamo stati insieme quasi un anno.
Ho cominciato a frequentare una ragazza.

fare confronti

Teo è simpatico come Alessandro.
Sono alta come te.
Per me Barcellona è bella come Parigi.

esprimere sorpresa

Veramente?
Sul serio?
Ma dai!

CIVILTÀ 3 — I gesti italiani

Conosci i gesti italiani? Se sì, quali? Se no, non c'è problema: questa sezione ti aiuta a scoprirne diversi!

Per comunicare intenzioni, insultare, esprimere felicità e disperazione, ecc. gli italiani utilizzano più di 200 gesti. Sotto trovi una breve panoramica su gesti italiani comuni. Prova ad abbinare le immagini alle frasi della lista, come negli esempi, poi chiedi conferma all'insegnante e insieme a lui / lei esegui i vari gesti!

- Prendiamo un caffè?
- Stanno proprio bene insieme, loro due!
- ~~Furbo, eh?~~
- Chi, io?
- Devi andare via, subito!
- Che stupida!
- ~~Che paura, eh?~~
- Io non so niente!
- Sei matto?

1. _____

2. _____

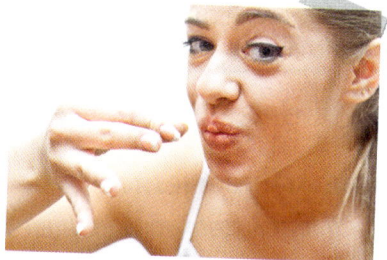

3. _____

4. _____

5. _____

6. _____

7. Furbo, eh?

8. _____

9. Che paura, eh?

Come funziona il linguaggio del corpo nel tuo Paese? Rispondi e mostra uno o più gesti a un compagno!

- ci sono gesti simili con significato simile ☐
- ci sono gesti diversi con significato simile ☐
- ci sono gesti diversi con significato diverso ☐
- non usiamo quasi mai gesti per comunicare ☐

BILANCIO 3

Comunicazione

Indica con il simbolo ✓ che cosa sai fare in italiano. Poi completa lo schema con le espressioni della lista.

	sì 😊	così così 😐	no ☹	frase numero
descrivere l'aspetto				
raccontare un incontro romantico				
fare confronti				
esprimere sorpresa				
esprimere accordo o disaccordo				
descrivere la personalità				

1. Sul serio?
2. È altruista e intelligente.
3. Non sono d'accordo.
4. Tu sei meno alto di Maurizio.
5. Io e Ida ci siamo messi insieme!
6. È alto e ha i capelli ricci.

Grammatica e lessico

Completa il testo con i verbi della lista, come negli esempi.

- mi sono annoiato
- mi sono messo
- ~~mi sono vestito~~
- mi sono riposato
- mi sono alzato
- mi sono spogliato
- mi sono riaddormentato
- ~~mi sono svegliato~~
- non mi sono lavato

Ieri mattina **1** _mi sono svegliato_ presto, ma ero ancora molto stanco, così **2** _____ e ho dormito per altri dieci minuti. Alla fine **3** _____ tardi, **4** _____ perché non avevo tempo, **5** _mi sono vestito_ di corsa e sono andato subito a scuola. A lezione **6** _____ perché avevamo storia e filosofia, che non mi piacciono. Poi sono tornato a casa: ero ancora molto stanco, così **7** _____, **8** _____ il pigiama e **9** _____ fino alle 16.

Abbina le espressioni al loro significato.

1. convivere con qualcuno
2. innamorarsi di qualcuno
3. frequentare qualcuno
4. stare con qualcuno
5. mettersi insieme
6. lasciarsi

a. avere una relazione con qualcuno
b. cominciare una relazione con qualcuno
c. abitare con il compagno / la compagna
d. interrompere una relazione
e. cominciare a provare un sentimento forte per qualcuno
f. uscire con qualcuno

Osserva le tre immagini e indica se le frasi sotto sono vere o false.

		vero	falso
1	B. è alto come A.	☐	☐
2	C. è più giovane di A.	☐	☐
3	B. è alto come C.	☐	☐
4	B. è più magro di C.	☐	☐
5	B. è meno alto di C.	☐	☐
6	A. è elegante come B.	☐	☐
7	C. ha uno stile sportivo come A.	☐	☐
8	Uno dei tre uomini non ha gli occhiali.	☐	☐

Abilità: parlare (monologo)

Osserva le immagini e per ogni persona:
a. descrivi il suo aspetto e il suo abbigliamento;
b. aggiungi altre informazioni: immagina dove abita, che cosa fa, che personalità ha;
c. completa la descrizione e racconta che cosa hanno fatto le tre persone negli ultimi sei mesi. Usa la fantasia!

BILANCIO 3

VOCABOLARIO ESPRESSO 3

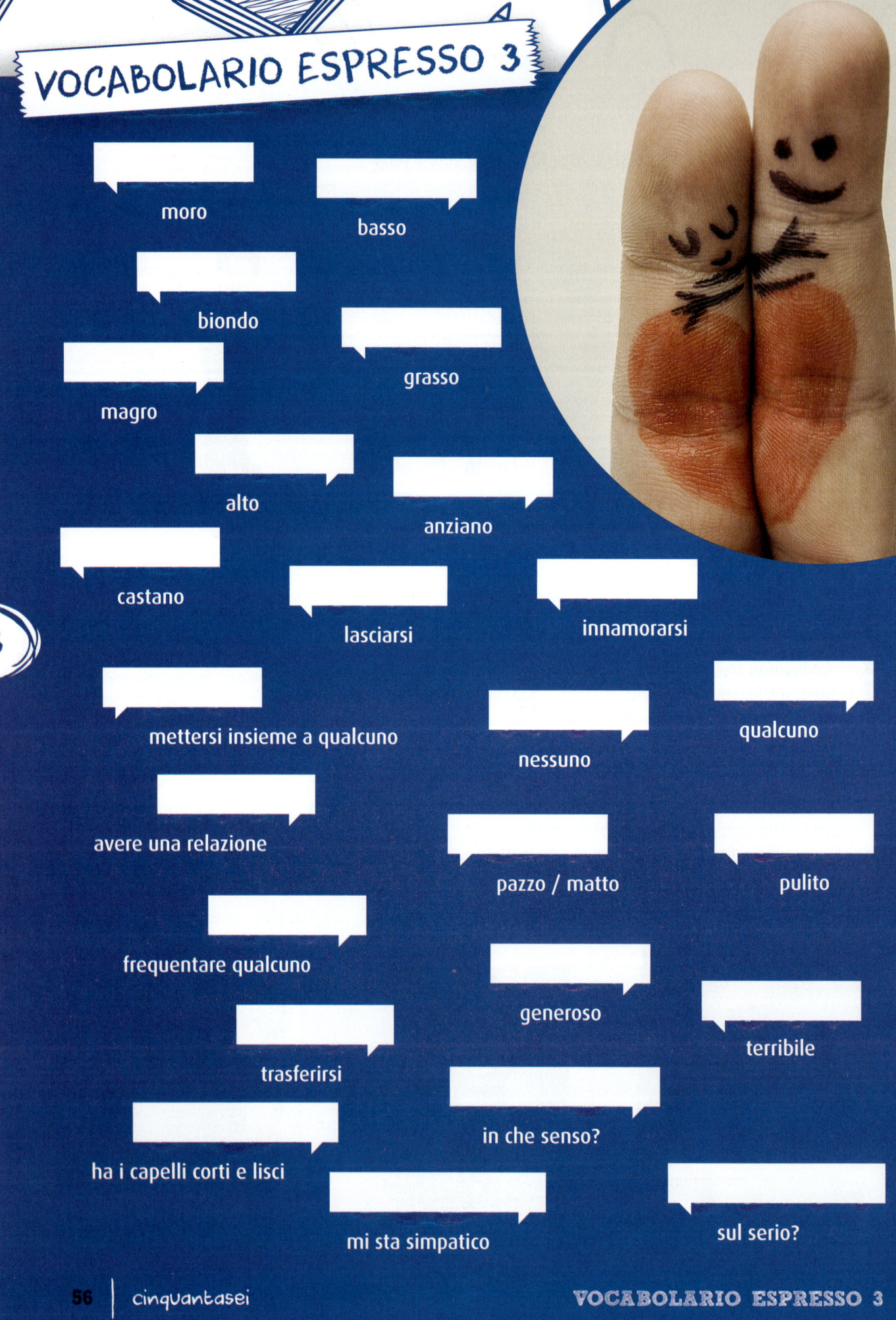

moro

basso

biondo

grasso

magro

alto

anziano

castano

lasciarsi

innamorarsi

mettersi insieme a qualcuno

nessuno

qualcuno

avere una relazione

pazzo / matto

pulito

frequentare qualcuno

generoso

terribile

trasferirsi

in che senso?

ha i capelli corti e lisci

mi sta simpatico

sul serio?

LEZIONE 4 — Vieni anche tu?

Grammatica
- *stare* + gerundio
- l'accordo tra il pronome diretto e il participio passato
- *ancora / già*
- i pronomi relativi *che* e *cui*

Comunicazione
- Che stai facendo? – Sto leggendo.
- Ti va di venire? – No, non mi va.
- Sono appena arrivato.
- I biglietti? Li abbiamo comprati.
- Mi dà fastidio!

1 LEGGERE Eventi per tutti i gusti

Molti festival italiani hanno un nome in inglese: la stessa parola "festival" viene dall'inglese! Leggi i nomi di manifestazioni in inglese e prova ad abbinarle alla versione italiana corrispondente.

1. tatoo convention
2. music festival
3. games week
4. maker fair

a. settimana del videogioco
b. fiera degli inventori
c. fiera del tatuaggio
d. rassegna musicale

Bari Geek Fest

Ora osserva questa lista di tipologie di eventi. Quali frequenti di solito? Ci vai da solo, con amici o in famiglia? Ci vai spesso o raramente? Parlane con un compagno.

mostre d'arte

concerti

fiere di settore

saloni del libro

rassegne di cinema

rassegne di danza

Vieni anche tu?

Adesso leggi questa selezione culturale.

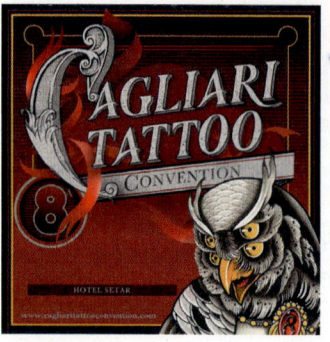

1. Cagliari Tattoo Convention
Da venerdì 21 a domenica 23 agosto: 150 stand di tatuatori italiani e stranieri, performance, dj set. Sabato Hip Hop Night.

2. Milan Games Week
Da venerdì 23 a domenica 25 ottobre, torna il grande evento dell'industria del videogioco! Ultime novità, competizioni con oltre 1500 giocatori, produzioni indipendenti e conferenze.

3. Mostra del Cinema di Venezia
Dal 2 al 12 settembre, proiezioni in lingua originale di film italiani e internazionali in concorso per il Leone d'Oro. Proiezioni riservate ai maggiorenni. Biglietti: da 12 a 20 euro, acquistabili in biglietteria o online (www.labiennale.org). Riduzioni per gli studenti universitari.

4. Maker Faire* Rome
Dal 16 al 18 ottobre torna la grande rassegna dell'innovazione e della creatività che unisce scienza, fantascienza e tecnologia. Inventori di ogni età si incontrano e presentano i propri progetti: stampanti 3D, droni, robot, e molto altro!
Oltre 600 invenzioni, 100.000 visitatori e 65 nazioni. Performance e workshop per adulti e bambini.

5. Salone Internazionale del Libro
Da giovedì 14 a lunedì 18 maggio.
Tra le principali fiere del libro in Europa, con 340.000 visitatori, 51.000 metri quadrati di stand di case editrici italiane e internazionali e un lungo calendario di conferenze, presentazioni e laboratori.
Ingresso: 10 euro (ridotto per studenti universitari, minorenni, over 65).

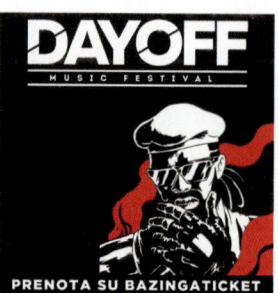

6. Day Off Music Festival
Domenica 16 agosto ti aspetta una ricca *line up*! Partecipa alla grande rassegna pugliese di musica elettronica, hip hop e non solo!
Biglietti: 20 euro (su www.bazingaticket.com).

---

un **minorenne** ha meno di 18 anni
un **maggiorenne** ha 18 anni o più

*Gioco di parole tra il nome *fair* in inglese (*fiera*) e il verbo *faire* in francese (*fare*).

Vieni anche tu?

Hai vinto un biglietto gratis per te e un amico / e la tua famiglia per uno degli eventi a pagina 58. Quale scegli? Perché? Parlane con un compagno.

Quest'anno ogni protagonista di "Espresso Ragazzi" vuole organizzare un weekend culturale in Italia. Leggi i profili, gli interessi e le disponibilità sotto. Solo due di loro possono partecipare a due degli eventi indicati alla pagina precedente: chi? E quali sono i due eventi?

nome: _____ / evento numero: ☐   nome: _____ / evento numero: ☐

(adesso è settembre)

Mina: appassionata di libri, può viaggiare solo in estate perché il resto del tempo ha le gare di nuoto ogni fine settimana.

Italo: studia medicina all'università, ama il cinema e la musica, può lasciare Roma da ottobre fino alla fine dell'inverno, perché in primavera il weekend lavora come dog sitter e l'estate prossima va in Turchia con la sua ragazza.

Valerio: appassionato di cultura urbana e nuove tecnologie, vuole organizzare qualcosa con degli amici, ma la madre non lo autorizza a lasciare Roma.

Marco: le sue passioni sono lo skateboard e i videogiochi, vuole fare qualcosa con Alba, la sorella più grande, ma lei è libera solo dal lunedì al giovedì perché il weekend lavora in un pub.

Anna: le interessano solo gli eventi musicali, può andare fuori Roma solo se parte con il fratello, Italo.

Sofia: non legge, non ama il cinema, le piace solo ballare, i genitori la autorizzano a partire con due amici, ma loro sono liberi solo ad agosto.

2 ASCOLTARE Ti va di venire? 13

Ascolta la telefonata tra Sofia e Valerio, poi rispondi alla domanda.

Dove va Valerio tra quindici giorni?

a Sull'isola di Ponza con gli amici. ☐   **b** Al Romics con Sofia. ☐

LEZIONE 4

Vieni anche tu?

Adesso leggi il fumetto e controlla la tua risposta.

*Vale = Valerio

Vieni anche tu?

Osserva le due frasi estratte dal fumetto e poi seleziona l'opzione esatta.

Sto leggendo il capitolo di storia per domani.   **Sto andando** a prenderli.

> La struttura **evidenziata** (*stare* + **gerundio**) indica un'azione che si svolge:
> [a] in questo momento   [b] tra pochi minuti

Adesso completa lo schema sul gerundio con i verbi precedenti e aggiungi l'infinito corrispondente.

prima coniugazione (-are)	seconda coniugazione (-ere)	terza coniugazione (-ire)
_____ → _____	_____ → _____	dormire → dorm**endo**

Lavora con un compagno. Rileggete il fumetto e abbinate le espressioni alla loro funzione.

[a] Hai voglia di venire?
[b] Non ho molta voglia.
[c] Veramente ho da fare.
[d] Perché non vieni anche tu?
[e] Dai!
[f] Va bene.
[g] Ho un impegno.
[h] Ok, vengo.
[i] Ti va di venire?
[l] Non posso.
[m] Ti prego!
[n] Vengo volentieri.
[o] Non mi va.

Espressioni usate per:

[1] fare una proposta: _____   [3] rifiutare una proposta: _____
[2] accettare una proposta: _____   [4] insistere: _____

3 PARLARE Un invito

Decidi se le attività e gli eventi raffigurati nelle foto ti interessano. Poi lavora con un compagno. A turno uno studente telefona all'altro e lo invita a uno degli eventi (può aggiungere il nome del cantante, il titolo del film, eccetera). L'altro studente accetta o rifiuta l'invito in base alla sua scelta iniziale. Seguite il modello (potete usare altre espressioni) e cambiate ruolo ogni volta.

> ■ Pronto?
> ▼ Ciao, come va?
> ■ Tutto bene! Sabato ti va di andare a....?
> ▼ ☹ Veramente sabato ho da fare. / ☺ Va bene!

concerto

cinema

festival di danza

Vieni anche tu?

4 SCRIVERE Insistere

In questa chat ci sono solo le risposte di un tuo amico. Completa la chat con le tue frasi: devi convincere l'amico a fare una cosa insieme a te. Immagina il tipo di cosa, il giorno, l'ora, il luogo, ecc. e insisti!

1		8	Devo andare dal dottore.
2	Tutto a posto. Sto studiando. Tu?	9	
3		10	Alle 3 del pomeriggio.
4	No, mi dispiace, non posso.	11	
5		12	Ah, ok. Ma non lo so… Non ho molta voglia.
6	No, neanche il giorno prima. Ho un impegno.	13	
7		14	E va bene, ma solo perché insisti!

E 4
E 5

5 ESERCIZIO In fila

Lavora con un compagno. Osservate l'immagine e descrivete che cosa stanno facendo queste persone, come nell'esempio. Ogni studente formula una frase.

> Luigi **sta facendo** la fila.

gerundi irregolari
fare → fa**cendo**
bere → be**vendo**

Luigi — Livia e Sami — Ugo — Pietro — Irma — Pino — Daria — Nicola — Ida

LEZIONE 4

Vieni anche tu?

6 ASCOLTARE Che film andate a vedere? 🔊 14
Ascolta e completa il dialogo con le parole della lista.

| sono appena arrivato | non ho tempo | sta facendo | ancora a casa |
| sto uscendo | stai andando | ho appuntamento | buon divertimento |

Padre Dove _____?
Mina Qui vicino, al cinema "Odeon". _____ con Marco e Valerio. Ciao!
Padre Ah, e che film andate a vedere?
Mina Papà, sono in ritardo!
Padre Ma non avete già i biglietti?
Mina No, non li abbiamo ancora comprati. Vado!
Padre Aspetta! Dov'è finita la tua bicicletta? Volevo prenderla per fare la spesa.
Mina Non c'è, l'ho prestata a Sofia qualche giorno fa.
Padre Ma Sofia non sa andare in bicicletta!
Mina Papà, adesso _____ per discutere!
Padre Va bene, vado in macchina. Ciao, _____!
Mina Ciaooo!
Padre No, no, aspetta! Dove hai messo le chiavi?
Mina Dove le ho messe?! Secondo te io uso la macchina? Non so neanche guidare!
Padre Giusto... Ah, sono qui, guarda!
...
Mina No! Pronto, Marco?
Marco Ciao, sei davanti al cinema? Hai già incontrato Valerio?
Mina No, non l'ho incontrato e sono ancora a casa perché mio padre mi _____ mille domande!
Marco _____?! Ma il film comincia tra cinque minuti!
Mina Lo so, _____! Ma tu dove sei?
Marco _____ al cinema. Ciao, Vale!
Mina Arrivo, ciao ciao ciao ciao! Ciao, papà!
Padre Ah, senti, sai dov'è...

> Sono **appena** arrivato. = Sono arrivato pochi secondi fa.

Completa le frasi estratte dal dialogo con i verbi al passato prossimo, poi seleziona l'opzione esatta sotto.

1. No, non li _____ ancora _____. Vado!   (li = i biglietti)
2. Non c'è, l'_____ _____ a Sofia qualche giorno fa.   (l' = la bicicletta)
3. Dove le _____ _____?! Secondo te io uso la macchina?   (le = le chiavi)
4. No, non l'_____ _____ e sono ancora a casa...   (l' = Valerio)

Quando prima di un verbo al passato prossimo c'è un pronome diretto (*lo, la, li, le*), il participio passato:

a è sempre al maschile.   **b** concorda con l'oggetto.   **c** è sempre al femminile.

Davanti all'ausiliare le forme singolari *lo* e *la* diventano *l'*.

E 6

LEZIONE 4 sessantatré **63**

Vieni anche tu?

7 ESERCIZIO Hai già...?

Questa settimana dovevi fare le cose indicate nella lista. Ma non le hai fatte tutte. Seleziona le cose che hai fatto. Il tuo compagno deve scoprire quali sono con massimo cinque domande, come nell'esempio.

> ■ Hai già comprato i biglietti per il concerto?
> ▼ Sì, **li** ho già compra**ti**. / No, non **li** ho ancora compra**ti**.

comprare i biglietti per il concerto	☐	riparare la bicicletta	☐
fissare l'appuntamento con Marta	☐	fare la spesa	☐
vedere la mostra su Raffaello	☐	chiamare Alberto e Giulio	☐
ordinare le torte per la festa	☐	scrivere la relazione di scienze	☐

E 7

8 LEGGERE Test sulla *mobile etiquette*

Leggi l'articolo e fai il test: quali delle cose descritte nel testo fai anche tu, spesso o ogni tanto?

La *mobile etiquette*, cioè i principi di buona educazione che regolano l'uso del telefono cellulare, è cambiata nel tempo, come le nostre abitudini. Anni fa i cellulari erano uno strumento con cui passavamo il tempo soprattutto quando eravamo soli, oggi invece li usiamo anche quando siamo in compagnia, in modo "sociale". I tempi cambiano, sì, ma ci sono dei comportamenti che restano inaccettabili. Ecco quali.

Usi il cellulare:	Perché non va bene?	
quando attraversi la strada o guidi.	È pericoloso!	☐
quando sei al cinema o a teatro (o in altri luoghi in cui il silenzio è necessario).	È maleducato: la luce del display e la suoneria danno fastidio agli altri!	☐
quando sei con persone che conosci e devi rispondere a dei "messaggi urgenti" o fare una "telefonata rapida".	Sei uscito con degli amici: vuoi stare con loro, o passare il tempo a chattare e chiacchierare al telefono?	☐
ai concerti, per fare video o foto e postarle subito sui *social* a cui sei iscritto.	È più divertente godersi il concerto, no?	☐
al ristorante, o quando sei vicino ad altre persone (per esempio nella metro).	Alla persone intorno non interessano le tue conversazioni!	☐
nei musei, per farti un *selfie* davanti a un quadro famoso.	Tutti lo vogliono vedere, non solo tu!	☐

Il telefonino è pratico e utile, ma forse in diverse occasioni puoi spegnerlo per qualche minuto!

adatto da www.5wagora.com

Italo informa

Con i verbi modali (*dovere, potere, sapere, volere*) e un infinito, il pronome diretto può stare prima o dopo l'infinito.

tutti **lo** vogliono vedere = tutti vogliono veder**lo**
lo puoi spegnere = puoi spegner**lo**

Vieni anche tu?

Adesso completa le frasi con i pronomi relativi della lista, poi rileggi il testo e controlla.

| a cui | che | con cui | che | che | in cui |

a La *mobile etiquette* corrisponde ai principi di buona educazione _____ regolano l'uso del telefono cellulare.
b Anni fa i cellulari erano strumenti _____ passavamo il tempo soprattutto quando eravamo soli.
c I tempi cambiano, ma ci sono dei comportamenti _____ restano inaccettabili.
d Usi il cellulare in luoghi _____ il silenzio è necessario.
e Usi il cellulare quando sei con persone _____ conosci.
f Posti video o foto sui *social* _____ sei iscritto.

E 8
E 9
E 10

9 PARLARE Mi dà fastidio!
Che comportamenti ti danno fastidio nei luoghi pubblici come i cinema, i ristoranti, i musei, ecc.? Che cosa è maleducato o inappropriato per te? Parlane con un compagno.

Mi dà fastidio
Mi disturba   ⎱ quando...
Non sopporto

10 ASCOLTARE Un parco a tema
Ascolta e seleziona il parco nominato nel reportage. 🔊 15

a Parco divertimenti **Mirabilandia** (Ravenna)
b Parco divertimenti-zoo **Zoo Safari di Fasano** (Brindisi)
c Parco con riproduzioni di monumenti **Italia in miniatura** (Rimini)

Adesso indica se le informazioni sono vere, false, o non presenti nell'audio.

	vero	falso	non presente
1 Il parco si trova in Puglia.	☐	☐	☐
2 Il parco è lontano dal mare.	☐	☐	☐
3 Nella regione in cui si trova il parco ci sono molti luoghi interessanti.	☐	☐	☐
4 In Italia non ci sono altri parchi come questo.	☐	☐	☐
5 Il ragazzo non ha avuto il tempo di vedere tutto.	☐	☐	☐
6 Il ragazzo ha visitato il parco con la famiglia.	☐	☐	☐

11 PROGETTO La vostra agenda culturale
a. Lavora con due compagni. In internet (anche con l'aiuto dell'insegnante) cercate siti dedicati agli eventi culturali in Italia (per esempio: culturaitalia.it). Leggete la programmazione del settore che vi interessa e selezionate tre eventi che piacciano a tutti e tre.
b. Fate una breve sintesi delle caratteristiche di questi eventi (come a pagina 58) e, se possibile, scaricate e stampate qualche foto (il logo dell'evento, per esempio).
c. Alla fine ogni membro del gruppo illustra alla classe uno degli eventi scelti e spiega perché il suo gruppo lo trova interessante.

E 11
E 12

LEZIONE 4

GRAMMATICA 4

GRAMMATICA

1 La forma *stare* + gerundio

Questa struttura indica un'azione in corso in questo momento. Il verbo *stare* si coniuga, il gerundio no.

formazione del gerundio	studiare → studiando	leggere → leggendo	dormire → dormendo
gerundi irregolari	bere → bevendo	dire → dicendo	fare → facendo

Dove **stai andando**? – A un concerto., Posso parlare con Marco? – No, **sta dormendo**.

2 La concordanza del participio passato con il pronome diretto

Quando prima del verbo al passato prossimo ci sono i pronomi diretti *lo, la, li, le*, il participio passato concorda in genere e numero con i pronomi. Le forme singolari *lo* e *la* prendono l'apostrofo davanti al verbo *avere*.

Hai visto **Roberto**? – Sì, **l'**ho incontrat**o** poco fa.
Dov'è **la bicicletta**? – **L'**ho dat**a** a Sonia.

Avete **i biglietti**? – Sì, **li** abbiamo comprat**i** online.
Dove sono le chiavi? – **Le** ho lasciat**e** in cucina.

3 Gli avverbi *già, ancora, appena*

Già: Ho **già** comprato i biglietti. = **Già** ho comprato i biglietti.
(Non) ancora: **Non** ho **ancora** visto la mostra. = **Ancora non** ho visto la mostra.
Appena: Sono **appena** tornato dalle vacanze.

4 Pronomi e infinito

Quando c'è un verbo modale e un infinito, i pronomi diretti possono stare prima o dopo l'infinito. Quando seguono l'infinito, formano una sola parola:
Che libro fantastico, tutti **lo** devono leggere! = Che libro fantastico, tutti devono legger**lo**!
Secondo me Anna non sta bene, **le** voglio parlare. = Secondo me Anna non sta bene, voglio parlar**le**.

5 I pronomi relativi *che* e *cui*

Il pronome *che* si riferisce al soggetto o all'oggetto diretto.

soggetto	La ragazza canta. La ragazza si chiama Manuela. → La ragazza **che** canta si chiama Manuela.
oggetto diretto	Alla festa ho conosciuto un ragazzo. Il ragazzo frequenta la mia scuola. → Il ragazzo **che** ho conosciuto alla festa frequenta la mia scuola.

Dopo una preposizione si usa sempre il pronome relativo *cui*: Hai visto il film **di cui** ti ho parlato?, Chi è il ragazzo **con cui** parlavi prima?, Adoro la città **in cui** abito!
Che e *cui* sono invariabili e si riferiscono sia a persone che a cose.

PER COMUNICARE

descrivere interessi culturali

Sono appassionata di cinema.
Mi interessa l'arte.
La mia passione è la musica.

invitare

Ti va di venire al cinema con noi?
Perché non vieni anche tu?
Hai voglia di uscire oggi pomeriggio?

rifiutare un invito

Non ho voglia di venire.
Non mi va.
Ho un impegno, non posso.

insistere

Dai!
Ti prego!

esprimere irritazione

Mi dà fastidio!
Non sopporto quando parlano al telefono a voce alta.

CIVILTÀ 4 — La musica italiana

I ragazzi italiani amano molto i cantanti stranieri, soprattutto americani, ma ovviamente spesso ascoltano anche musica italiana. Il sito www.ilquotidianoinclasse.it ha chiesto a un gruppo di adolescenti di rispondere alla domanda: "Quali sono le tue canzoni o i tuoi cantanti italiani preferiti?". Ecco una selezione delle risposte.

Giovanni Adoro la canzone "L'ultima notte al mondo" di Tiziano Ferro: la prima volta che l'ho ascoltata ero con una persona molto speciale per me. Quando la sento ripenso a lei.

Lavinia Non ho una canzone preferita, ma generalmente ascolto brani legati a esperienze particolari della mia vita. Mi piacciono tutti i cantanti che sanno esprimere in musica quello che io non so dire a parole.

Diego Io ascolto il rap, perché usa le parole in modo creativo e originale. Per me è un genere musicale profondo perché affronta in modo critico temi importanti, sociali o politici. Tra i rapper italiani mi piace Fedez.

Cinzia A me piace Laura Pausini. Le sue canzoni parlano di sentimenti, d'amore. Mi rilassano, non sono deprimenti o piene di odio come nel rap.

Gaia Tra gli artisti italiani apprezzo molto Emma. La sua musica mi dà energia. Se sono triste, ascolto una sua canzone e mi sento subito bene, allegra.

Antonio L'artista italiano che ascolto spesso è Ligabue, che con parole semplici sa raccontare la vita e le emozioni di tutti. Le sue canzoni mi ricordano una storia bellissima che ho avuto con una ragazza e che purtroppo è finita male.

adattato da www.ilquotidianoinclasse.it

Rileggi e ~~cancella~~ le due motivazioni non presenti nel testo.

Questi ragazzi amano generi musicali, cantanti o canzoni che:

1. ricordano un momento particolare della vita.
2. vanno di moda.
3. parlano di argomenti importanti.
4. ricordano una persona in particolare.
5. parlano dei problemi dei giovani.
6. aiutano a sentirsi bene.

E tu che genere di musica ascolti? Di quali Paesi? Quali cantanti ti piacciono? Hai una canzone preferita? Parlane con un compagno.

Sotto trovi uno schema sintetico sulla musica italiana di oggi. A casa guarda uno o più video di questi artisti, poi in classe racconta se ti sono piaciuti oppure no e perché.

i "senior" del rock italiano
Gianna Nannini, Ligabue

le star del pop
Laura Pausini, Tiziano Ferro, Jovanotti

le stelle nate dai *talent show*
Marco Mengoni, Emma, Noemi

i *rapper*
Fabri Fibra, Emis Killa, Fedez

VIDEO 2

STAI SCHERZANDO?

1 Prima della visione

Osserva le due foto e immagina la storia di questo episodio. Seleziona una delle sintesi, poi guarda il video e controlla.

1. Davide e Matteo sono in vacanza e si stanno annoiando. Luna e Elena stanno facendo i compiti estivi. Le due ragazze decidono di chiamare Davide e Matteo per sapere come sta andando la loro vacanza. ☐
2. Davide e Matteo stanno chiacchierando al parco, poi chiamano Elena e Luna e le invitano a fare una passeggiata. Le due amiche stanno studiando, ma accettano l'invito. ☐
3. Elena e Luna sono in vacanza e decidono di scrivere una lettera a Matteo e Davide, che sono rimasti in città e non hanno niente da fare. ☐

2 Dopo la visione

Indica se le affermazioni sono vere o false.

		vero	falso
1	Martina e la sua compagna di banco sono bionde.	☐	☐
2	A Matteo piacciono le ragazze dolci.	☐	☐
3	Secondo Matteo Martina è più simpatica e aperta di Elena.	☐	☐
4	Davide e Matteo vogliono fare i compiti con Elena e Luna.	☐	☐
5	Luna ha voglia di guardare le foto, non di studiare.	☐	☐
6	Per Luna Davide è dolce e carino.	☐	☐
7	Per Elena Matteo è antipatico.	☐	☐
8	I quattro ragazzi hanno appuntamento tra un'ora.	☐	☐

3 Abbinamento di frasi

Unisci le parti di destra e di sinistra e forma delle frasi logiche.
Poi riguarda la seconda parte del video (su Luna e Elena) e controlla.

1. No, queste
2. Dai, Luna, a me
3. A me non piace
4. Che stai
5. Veramente... Non abbiamo ancora
6. Ci siamo messe

a. facendo di bello?
b. nessuno nella nostra classe!
c. finito di studiare.
d. a fare i compiti poco fa.
e. le ha fatte Giulia...
f. puoi dirlo: ti piace!

4 Frasi incomplete

Completa le frasi con gli elementi della lista.

di | le | vederle | già | nessuno | dicendo | viste

1. Ma che stai _____?
2. Ho capito, sai, che ti piace! Non lo dico a _____, stai tranquillo...
3. Dai, le foto della gita! Posso _____? Ma... Ne hai altre nuove? Queste non le ho _____...
4. No, queste le ha fatte Giulia, _____ ho scaricate dal suo cellulare.
5. Ma... Hai _____ finito _____ studiare?

5 Che cosa significa?

Seleziona il significato esatto delle espressioni evidenziate.

1. **Tanto** a lei piaci tu...
   a Sono rassegnato perché / b Sono felice perché

2. **Ma va'**... E allora tu? Lo so che ti piace Luna!
   a Non mi devi toccare. / b Non è assolutamente vero!

3. Ma cosa dici? Non mi guarda **proprio**!
   a per niente! / b e vorrei parlare di altro!

4. Dai, **magari** hanno voglia di fare un giro qui.
   a subito / b forse

5. **Non c'è niente di male**, eh!
   a Per me non è un problema / b Hai fatto un grosso errore

6. **Facciamo** tra... un'ora?
   a Ci chiamiamo di nuovo / b Ci vediamo

> Guarda la **videogrammatica** dell'Episodio 2 e fai i **linguaquiz** delle Lezioni 3 e 4!

Dai
Dai può avere diversi significati a seconda del contesto; osserva la frase del video:
E **dai**, che fai come mia madre? (= Fai come mia madre? Per favore no!)

Altre funzioni
- insistere: **Dai**, vieni con me!
- esprimere sorpresa: Aldo ha 18 anni! – Ma **dai**, sembra più piccolo!

BILANCIO 4

Comunicazione

Indica con il simbolo ✓ che cosa sai fare in italiano. Poi completa lo schema con le espessioni della lista.

	sì 😊	così così 😐	no ☹	frase numero
capire un breve programma culturale				
descrivere interessi culturali				
invitare qualcuno a fare qualcosa				
rifiutare una proposta				
insistere				
esprimere irritazione				

1. Hai voglia di venire?
2. Mi dà fastidio!
3. Dai, vieni anche tu!
4. Mi interessa la musica.
5. Mi dispiace, ho un impegno.
6. Dal 10 giugno torna la grande rassegna di danza!

Grammatica e lessico

Leggi il testo e cambia la desinenza di 8 participi passati.

Luca ha preso due biglietti per Comicon, il festival di fumetto di Napoli. Li ha comprato online. Voleva andarci con Letizia, così l'ha chiamato e l'ha invitato. Letizia ha accettato l'invito. I due dovevano vedersi all'entrata del festival: Letizia è arrivata insieme alla sua amica Elisabetta. Quando Luca le ha visto si è arrabbiato: voleva uscire con Letizia da solo! Non basta: non trovava più i suoi due biglietti. Letizia gli ha domandato: "Ma come, Luca, li hai dimenticato a casa? O li hai perso da qualche parte?". Impossibile trovarli. Così i tre sono andati in biglietteria: Elisabetta ha comprato il suo biglietto e Luca ha spiegato il suo problema. Per fortuna i biglietti a nome di Luca erano nel *data base*, così il bigliettaio li ha ristampato. Alla fine i tre amici hanno passato una bella giornata, Elisabetta è stata molto discreta con Luca e Letizia e li ha lasciato soli quasi tutto il tempo.

Completa i due paragrafi (in questa pagina e nella successiva) con le parole della lista.

proiezioni | rassegna | cinema | dedicato | principali | concorso

1 Il Torino Film Festival è uno dei _____ festival di _____ in Italia. Nato nel 1982, è dedicato soprattutto al cinema indipendente. In _____ propone film sia italiani che stranieri.

2 Il Future Film Festival è un importante festival cinematografico _____ all'animazione tradizionale e digitale. La _____ è nata nel 1999 e si tiene a Bologna. Le _____ si svolgono in diversi cinema della città.

Abilità: leggere

Leggi il testo e seleziona l'opzione esatta nello schema sotto.

Ecco delle regole che il Ministero dell'Istruzione italiano ha elaborato per disciplinare l'uso del cellulare a scuola:
1) L'uso del telefonino a scuola durante le lezioni non è autorizzato.
2) Se uno studente utilizza il telefonino in modo scorretto, l'insegnante può ritirarlo immediatamente.
3) Alla fine delle lezioni l'insegnante deve restituire i cellulari che ha ritirato.
4) In caso di comportamento gravemente scorretto da parte di uno studente, la scuola può restituire il telefonino direttamente ai genitori.
5) L'insegnante può autorizzare l'uso del cellulare se lo studente deve comunicare con la famiglia per motivi gravi o urgenti.
6) Il divieto di usare il cellulare durante la lezione è valido anche per gli insegnanti.

adattato da *Leggo*

Un professore:

	autorizzato	non autorizzato
a ritira il mio cellulare perché sto chattando durante la sua lezione.	☐	☐
b prende il mio cellulare e lo tiene fino a domani.	☐	☐
c mi lascia utilizzare il cellulare perché mia nonna è in ospedale e voglio sapere come sta.	☐	☐
d risponde alla moglie durante la lezione.	☐	☐

Io uso il cellulare:

	autorizzato	non autorizzato
e mentre il professore di matematica sta spiegando alla lavagna.	☐	☐
f durante la breve pausa tra la fine della lezione di scienze e l'inizio della lezione di fisica.	☐	☐
g per fotografare un professore durante la lezione e postare la foto su un social forum senza la sua autorizzazione.	☐	☐

BILANCIO 4

VOCABOLARIO ESPRESSO 4

- minorenne
- mostra
- maggiorenne
- emozionante
- maleducato
- fissare un appuntamento
- non sopporto quando...
- vengo volentieri
- sono appassionato di...
- ti va di venire?
- dai!
- ho da fare / ho un impegno
- tutto a posto?
- non ho voglia / non mi va
- buon divertimento!
- ti prego!
- a proposito...
- mi dà fastidio!

LEZIONE 5 — Nord, sud, est, ovest

Grammatica
- *sapere* e *conoscere* al passato prossimo e all'imperfetto
- *tutti i / tutte le*
- l'imperfetto e il passato prossimo
- *ci vuole / ci vogliono*

Comunicazione
- Non vedo l'ora!
- Ho saputo che è stata in Inghilterra.
- Ha conosciuto dei ragazzi italiani.
- Ci vuole molto tempo.
- Che incubo!

LEGGERE Viaggiare
*Completa il questionario sul tuo modo di viaggiare.
In alcuni casi puoi selezionare risposte diverse.*

1 Di solito quante volte all'anno vai in vacanza?
☐ una ☐ due ☐ più di due ☐ dipende dagli anni

2 Generalmente in quale stagione vai in vacanza?
☐ inverno ☐ primavera ☐ estate
☐ autunno ☐ dipende

3 Con chi viaggi normalmente?
☐ famiglia ☐ famiglia e amici di famiglia
☐ amici ☐ da solo/a

4 Di solito dove passi le vacanze?
☐ all'estero ☐ nel mio Paese

5 In viaggio ti piace:
☐ andare sempre in un posto diverso
☐ tornare spesso nello stesso posto
☐ alternare posti nuovi e posti conosciuti

6 Preferisci i viaggi:
☐ organizzati ☐ "fai da te"

7 Qual è la tua sistemazione preferita?
☐ albergo ☐ campeggio ☐ ostello ☐ villaggio turistico
☐ casa di amici o parenti ☐ bed and breakfast

8 Prima di partire che cosa fai?
☐ leggo guide turistiche ☐ chiedo informazioni a amici o parenti ☐ niente
☐ leggo forum online ☐ scarico app con le mappe turistiche

9 Che tipo di bagaglio hai?
☐ zaino da campeggio ☐ trolley ☐ valigia

10 Che cosa ti piace o vuoi fare in vacanza?
☐ riposarmi ☐ divertirmi ☐ conoscere gente nuova ☐ stare a contatto con la natura
☐ imparare cose nuove (per es. una lingua straniera) ☐ conoscere culture diverse
☐ assaggiare cibi diversi ☐ fare shopping ☐ praticare attività sportive ☐ leggere
☐ conoscere un ragazzo / una ragazza interessante ☐ visitare luoghi di interesse artistico

Nord, sud, est, ovest

Lavora con un compagno. In base alle risposte al questionario alla pagina precedente, decidete: siete compagni di viaggio ideali? Spiegate alla classe perché sì o perché no.   E 1

2 ASCOLTARE Una vacanza-studio   16
Anna e il fratello Italo parlano delle vacanze di Sofia. Ascolta e completa le frasi. Poi leggi il fumetto e controlla le tue risposte.

Sofia:

1. ha fatto una vacanza-studio a _____.
2. era a casa di una _____ inglese.
3. ha zii e cugini in _____.
4. Andava a _____ ogni mattina.
5. Ha conosciuto un gruppo di ragazzi _____.

Nord, sud, est, ovest

Italo informa

Non vedo l'ora!
Lo diciamo quando abbiamo voglia di fare qualcosa e non possiamo aspettare:
Non vedo l'ora di partire!

Rileggi il fumetto e completa le caselle verdi dello schema sotto con le frasi in cui si trovano i verbi "sapere" e "conoscere" al passato.

	passato prossimo	imperfetto
sapere		
	funzione:	funzione:
conoscere		
	funzione:	funzione:

I verbi "sapere" e "conoscere" hanno due significati diversi al passato prossimo e all'imperfetto. Completa lo schema precedente con la funzione dei due verbi.

1. ricevere un'informazione nuova
2. sapere qualcosa da tempo
3. conoscere persone da tempo
4. incontrare persone per la prima volta

3 ESERCIZIO *Sapere* e *conoscere*
Completa le frasi con i verbi tra parentesi all'imperfetto o al passato prossimo.

1. (*Io - sapere*) _____ che stai studiando il cinese, brava!
2. Dove (*tu - conoscere*) _____ la tua ragazza?
3. Quando si è trasferita qui due anni fa, non (*lei - conoscere*) _____ nessuno.
4. Luca ha fatto un viaggio in Patagonia con i suoi genitori, non (*voi - sapere*) lo _____?
5. Scusa, siamo in ritardo. Non (*noi - conoscere*) _____ la strada!
6. In vacanza (*loro - conoscere*) _____ dei ragazzi super simpatici.

E 2

Nord, sud, est, ovest

4 PARLARE Ho saputo che...

Lavora con un compagno (studente A e studente B). Leggete le vostre istruzioni (coprite quelle del compagno) e fate un dialogo.

Studente A	Studente B
1 Hai saputo che la scorsa estate un amico / un'amica ha fatto un soggiorno sportivo in Italia. Chiedi informazioni sul posto, la sistemazione, le cose da vedere, il cibo, le attività, le persone, ecc. Puoi usare le domande del modello sotto (e altre). **2** Poi racconta la tua vacanza-studio. Usa le informazioni sotto e la tua immaginazione!	**1** La scorsa estate hai fatto un soggiorno sportivo in Italia. Dai informazioni al compagno sul posto, la sistemazione, le cose da vedere, il cibo, le attività, le persone, ecc. Usa le informazioni sotto e la tua immaginazione! **2** Hai saputo che lui / lei ha fatto una vacanza-studio in Italia: adesso chiedi tu informazioni sul suo viaggio. Puoi usare le domande del modello sotto (e altre).

> Ho saputo che sei stato/a... Chi hai conosciuto? Che cosa hai visto? Come ti sei trovato? Che cosa facevi di giorno? E di sera?

A Il tuo viaggio

Vacanze-studio per ragazzi "CIAO ITALIA"

località: Sanremo (Liguria)
durata: 2 settimane
sistemazione: presso famiglie italiane, camera singola, bagno privato
attività:
- **mattina:** lezioni di italiano (tutti i livelli) con insegnanti professionisti in classi internazionali
- **pomeriggio:** spiaggia
- **sera:** incontri con le altre famiglie e gli altri studenti

attività extra: corso di cucina per imparare a preparare il vero pesto ligure (4 ore)
escursioni: una giornata a Corniglia (Cinque Terre)

B Il tuo viaggio

Soggiorni sportivi per ragazzi "MARCHE SPORT"

località: Senigallia (Marche)
durata: 10 giorni
sistemazione: in residenza, camere da quattro, bagno in comune
attività:
- **mattina:** un corso a scelta (beach volley, windsurf, kitesurf) con istruttori professionisti e ragazzi di nazionalità diverse
- **pomeriggio:** giochi in spiaggia
- **sera:** concerti, feste e discoteca presso la residenza

attività extra: corso di danza funky (6 ore)
escursioni: mezza giornata alle Grotte di Frasassi

Nelle foto: Sanremo, Corniglia, Senigallia e le Grotte di Frasassi

Nord, sud, est, ovest

5 LEGGERE Diario di viaggio
Un ragazzo ha postato il suo diario di viaggio su un forum online. Leggi il post e poi rispondi alle domande sotto. Sono possibili risposte diverse.

Gabriele

Qualche mese fa ho fatto un viaggio fantastico con mio cugino Piero (è più grande di me, ha 28 anni). Volevamo vedere l'Europa del Nord: abbiamo scelto l'Olanda (la Scandinavia era troppo cara per noi!). Abbiamo comprato due biglietti Inter Rail (tariffa Youth per me, Senior per lui). È un modo di viaggiare perfetto: con un biglietto puoi prendere tutti i treni che vuoi. Non vedevamo l'ora di andare a nord: era la settimana di ferragosto e a Bologna faceva un caldo incredibile, c'erano quasi 40 gradi! Purtroppo però anche ad Amsterdam faceva molto caldo… La città era piena di turisti, ma meravigliosa: musei super interessanti, vita notturna e locali stupendi, giri per i canali in bicicletta… Finalmente ho visto la casa di Anna Frank. Mi sono piaciute anche tutte le città che abbiamo visto dopo. Da Amsterdam ci siamo spostati all'Aia (Den Haag in olandese), poi da lì siamo andati a Rotterdam, a Maastricht (bellissima!), a Utrecht e infine a Lelystad, dove abbiamo preso un autobus per il Lowlands, un festival di 3 giorni di musica non stop. Molti gruppi erano olandesi, non capivo niente quando parlavano con il pubblico, ma ero super contento di stare lì, c'erano ragazzi di tanti Paesi diversi (olandesi, ovviamente, ma anche belgi, francesi, tedeschi, ecc.)… Io cercavo di comunicare come potevo, un po' in inglese, un po' in italiano, un po' a gesti! Mio cugino era meno contento, sembrava molto stanco: ci spostavamo ogni due giorni (con degli zaini super pesanti!), prendevamo spesso il treno di notte per non spendere soldi in ostello, mangiavamo male (panini, essenzialmente), faceva caldo… Quando siamo tornati in Italia io ero entusiasta, lui era distrutto!

Se anche voi volete esplorare l'Europa in treno: http://it.interrail.eu

1. Perché Gabriele e Piero non hanno visitato la Scandinavia?
2. Com'è viaggiare in InterRail secondo Gabriele?
3. Perché Gabriele e Piero volevano andare in Europa del Nord?
4. Qual è l'opinione di Gabriele su Amsterdam?
5. Che cosa hanno visto i due dopo Amsterdam?
6. A Gabriele è piaciuto il festival? Perché?
7. Gabriele ha provato a fare amicizia con qualcuno al festival? Come?
8. Perché Piero era molto stanco?

Adesso confronta le tue risposte con quelle di un compagno.

Italo informa

In italiano ci sono diversi aggettivi che significano "molto bello", per esempio:

bellissimo   stupendo
meraviglioso   fantastico
magnifico

tutti **i** treni
tutte **le** città

LEZIONE 5

Nord, sud, est, ovest

Rileggi il testo alla pagina precedente e sottolinea con due colori diversi i verbi al passato prossimo e i verbi all'imperfetto. Poi completa lo schema sotto.

	tempo verbale	
	passato prossimo	imperfetto
esprime un'azione al passato conclusa	☐	☐
esprime una sensazione, un'emozione o un'intenzione nel passato	☐	☐
descrive persone, cose e situazioni nel passato	☐	☐

Come ti sembra il viaggio di Gabriele? Divertente, noioso, stressante, riposante, o...? Perché? Parlane con un compagno.

E 3
E 4

6 ESERCIZIO Dal presente al passato

*Ecco un altro diario di viaggio. Trasforma i verbi **evidenziati** dal presente al passato (passato prossimo o imperfetto), come nell'esempio sotto. Fai attenzione al participio passato!*

> **Maria**
> **tipo di viaggio:** volontariato internazionale con Youth Action for Peace (www.yap.it)
> **località:** Finlandia **durata:** due settimane
>
> **Ho** due priorità: **voglio** fare volontariato e vedere un posto molto diverso dall'Italia. **Vado** in Finlandia! **Parto** per Eno, un piccolo paese nel sud del Paese, vicino al confine con la Russia. **Arrivo** e **conosco** subito gli altri volontari, circa 20 ragazzi di nazionalità diverse. Molti **sono** dell'Europa del Sud come me, ma l'unica italiana **sono** io. **È** bellissimo: **stiamo** sempre insieme e ogni sera qualcuno **cucina** una specialità del suo Paese. Lì **c'è** un coordinatore locale, un ragazzo finlandese di 26 anni. **Si chiama** Raimo, **è** molto simpatico, **parla** inglese, ma con me anche un po' in italiano (**conosce** qualche parola!). Il progetto **prevede** 5 ore di lavoro al giorno (**è** un viaggio, non una vacanza!): **dobbiamo** ristrutturare una scuola pubblica. **Ho** due giorni liberi alla settimana, che **uso** generalmente per riposarmi, ma un giorno **vado** a Helsinki con Raimo e altri compagni. Quando **torno** a Roma **sono** un po' stanca, ma molto contenta.

Avevo due priorità:...

7 PARLARE E SCRIVERE Il mio diario di viaggio

Pensa ai tipi di viaggio nominati in questa lezione. Ti sembrano interessanti? Perché? Parlane con un compagno.

> La vacanza-studio mi sembra interessante / utile perché...

| vacanza-studio | soggiorno sportivo | InterRail | progetto di volontariato |

Adesso scrivi anche tu un breve post per un forum di viaggi. Pensa a un viaggio che hai fatto e racconta con chi sei partito, quale località hai visitato, chi hai conosciuto, com'era il posto e la gente del luogo, perché sei andato lì, che tipo di esperienza è stata.

| sono partito/a per... | ho conosciuto... | il posto era... | faceva caldo / freddo |

LEZIONE 5

Nord, sud, est, ovest

8 ASCOLTARE Il viaggio non è andato molto bene. 🔊 17

Mina ha passato le vacanze di Natale in Argentina, dal suo amico Tommaso. È appena tornata a Roma e racconta il viaggio a Valerio. Ascolta e seleziona i problemi di cui parla.

- ☐ a Buenos Aires faceva freddo
- ☐ il viaggio è stato troppo breve
- ☐ in Patagonia faceva freddo
- ☐ l'autobus era in ritardo
- ☐ l'albergo ha perso la prenotazione

- ☐ a Buenos Aires faceva caldo
- ☐ Mina ha litigato con il padre di Tommaso
- ☐ il volo era in ritardo
- ☐ in Patagonia faceva caldo

Adesso leggi la trascrizione e controlla le tue risposte.

- ■ Ho saputo che sei stata in Argentina!?
- ▼ Sì, sono stata a Buenos Aires a trovare Tommaso, il ragazzo che era in classe con noi l'anno scorso.
- ■ Allora? Racconta!
- ▼ Mi ha fatto super piacere rivederlo. Mi mancava moltissimo. Ma il viaggio non è andato molto bene.
- ■ Ah... Come mai?
- ▼ Il volo di andata aveva sei ore di ritardo. In aeroporto non hanno comunicato niente, l'ho saputo durante il volo!
- ■ Che incubo!
- ▼ Sì, normalmente da Roma a Buenos Aires ci vogliono circa 14 ore, già mi sembrava troppo!
- ■ In effetti...
- ▼ Per fortuna Tommaso e suo padre sono venuti a prendermi.
- ■ Meno male! Ma la vacanza poi com'è andata?
- ▼ Bene, cioè... Ero felice di stare con Tommaso, ma faceva molto caldo, lì era estate e una volta mi sono sentita male perché ero abituata alla temperatura di Roma. Quando sono partita qui c'erano 5 gradi!
- ■ Ma la città ti è piaciuta?

- ▼ Sì, è stupenda, ma ci sono rimasta pochi giorni, per vederla bene ci vuole almeno una settimana.
- ■ Aspetta... Ma non sei rimasta dieci giorni in tutto?
- ▼ Sì, ma dopo tre giorni sono partita per la Patagonia con la famiglia di Tommaso. Anche lì, un inizio disastroso: abbiamo perso l'autobus e siamo partiti con quello successivo, quando siamo arrivati eravamo già stanchi! Poi in albergo nessuno trovava la nostra prenotazione e il padre di Tommaso ha cominciato a litigare con tutti!
- ■ Pazzesco!
- ▼ Sì, per fortuna alla fine ci hanno dato le stanze!
- ■ Ma la Patagonia ti è piaciuta, sì?
- ▼ Sì, moltissimo, ma ci vuole molto tempo per visitarla, per viaggiare in Argentina dieci giorni non bastano. Poi a Buenos Aires era estate, invece lì faceva freddo!
- ■ Un disastro, insomma.
- ▼ Ma no, alla fine ho visto cose bellissime e passare il tempo con Tommaso è stato fantastico.
- ■ Ah, allora ti piace lamentarti e basta!

Italo informa

Per indicare il tempo necessario per andare da un luogo a un altro usiamo il verbo **volerci**:

Ci vogliono circa 14 ore.
Ci vuole almeno una settimana.
Ci vuole molto tempo.

durante il volo = **mentre** ero in volo

LEZIONE 5

Nord, sud, est, ovest

Valerio usa diverse espressioni per commentare il racconto di Mina. Abbina le espressioni al loro significato. Se necessario, rileggi il dialogo alla pagina precedente.

1	Allora? Racconta!	a	È vero.
2	Come mai?	b	Per fortuna!
3	Che incubo!	c	Incredibile!
4	In effetti...	d	Perché?
5	Meno male!	e	Voglio sapere tutto!
6	Pazzesco!	f	Terribile!

E 5
E 6
E 7

Adesso lavora con un compagno. Ascoltate più volte le singole espressioni di Valerio e ripetete le frasi con l'intonazione, l'enfasi giusta. 18

9 PARLARE Che incubo!
Lavora con due compagni (A, B e C). Seguite le vostre istruzioni.

Studenti A e B	Studente C
Siete fratello e sorella. Avete fatto un breve viaggio con i vostri genitori, ma è stato un incubo. L'immagine e le espressioni sotto rappresentano una parte dei problemi che avete avuto. Raccontate allo studente C perché il viaggio è andato male. Potete aggiungere altre informazioni.	Due tuoi amici (fratello e sorella) ti raccontano un viaggio terribile che hanno fatto con i genitori. Vuoi sapere che cosa è successo e perché è andato tutto male. Esprimi curiosità, sorpresa e dispiacere, come nell'esempio (puoi usare le espressioni del punto precedente, o quelle della **Lezione 3** a pagina 44).

- Ho saputo che siete stati a...
- Sì.
- Voglio sapere tutto!
- È stato un incubo!
- Come mai?
- Quando siamo arrivati...

posto troppo turistico — albergo sporco — posto troppo caro

bicicletta rotta — litigare in continuazione — troppo caldo

80 | ottanta

Nord, sud, est, ovest

10 ASCOLTARE Le destinazioni ideali dei giovani 🔊 19
Ascolta il reportage sulle località di mare preferite dai giovani per le vacanze e completa lo schema (in diversi casi sono possibili più risposte).

> **il suffisso -enne**
> vent**enne** = persona che ha 20 anni

	Campania (Ischia)	Puglia (Gallipoli, Salento)	Calabria (Tropea)	Emilia Romagna (Riccione)
1 offre una vita notturna intensa e molti divertimenti	☐	☐	☐	☐
2 offre prezzi bassi	☐	☐	☐	☐
3 c'è il mare pulito	☐	☐	☐	☐
4 ha spiagge bellissime	☐	☐	☐	☐

Adesso riascolta e, in base alle informazioni che senti, correggi la sintesi del reportage. Attenzione: devi sostituire cinque parole.

E 8

> Durante l'inverno da Napoli partono spesso aerei per le isole. Ischia, un'isola lontana, offre molti divertimenti notturni per i giovani stranieri, che negli ultimi anni hanno cominciato a passare le vacanze anche in altre regioni del Nord Italia, come la Puglia, la Calabria e la Campania.

11 PROGETTO Un viaggio indimenticabile
Lavora con due compagni. Seguite le istruzioni.
a. Scegliete un adulto a cui fare delle domande su un viaggio particolare: un insegnante, un parente, un amico di famiglia, ecc.
b. Preparate un questionario su un viaggio indimenticabile che ha fatto (orribile, meraviglioso, originale, ecc.). Considerate questi elementi:

- durata del viaggio
- itinerario
- mezzi di trasporto
- caratteristiche del luogo
- eventi (negativi / positivi)
- sensazioni
- incontri particolari

c. Intervistate la persona e scrivete le sue risposte.
d. In classe raccontate il viaggio di questa persona (se volete, mostrate foto, video, cartine geografiche, ecc.) e spiegate perché è stato indimenticabile.

E 9

LEZIONE 5

GRAMMATICA 5

GRAMMATICA

1 I verbi *sapere* e *conoscere* all'imperfetto e al passato prossimo

I verbi *sapere* e *conoscere* hanno due significati diversi all'imperfetto e al passato prossimo.

	conoscere	sapere
imperfetto	conoscere qualcuno o qualcosa da tempo: Quando sono arrivati nella nuova scuola, non **conoscevano** nessuno.	sapere qualcosa da tempo: ■ *Mattia è partito per il Portogallo.* ▼ *Ah, non lo **sapevo**.*
passato prossimo	incontrare qualcuno per la prima volta: *Filippo **ha conosciuto** Miriam a una festa.*	ricevere un'informazione nuova: **Ho saputo** *che Fabrizio si è trasferito in Svizzera.*

2 Indefiniti: *tutto*

Tutto è seguito dall'articolo determinativo e dal nome:
Ho studiato **tutto** il giorno.
Ho studiato **tutta** la mattina.
Ho studiato **tutti i** giorni.
Ho studiato **tutte le** mattine.

3 Altri usi dell'imperfetto

Usiamo l'imperfetto anche per descrivere:
- sensazioni o stati fisici nel passato: *Quando siamo tornati a casa dopo quel viaggio terribile, i miei genitori **erano** distrutti!*
- emozioni nel passato: *In vacanza **mi sentivo** davvero felice.*
- intenzioni nel passato: *Per le vacanze hanno scelto il Marocco perché **volevano** visitare un Paese caldo.*

L'imperfetto si usa anche in combinazione con la congiunzione *mentre* per indicare un'azione che ha una durata indefinita: **Mentre guidavo**, *lui **controllava** la strada su Google Maps.*, **Mentre leggevo**, *è arrivata Sandra.*

4 *Durante* e *mentre*

Durante è seguito da un nome, *mentre* da un verbo:
Durante *il volo mi sono addormentato.* = **Mentre ero** *in volo mi sono addormentato.*

5 *Volerci*

Volerci si coniuga al singolare o al plurale in funzione dell'oggetto diretto.
Volerci indica:
- il tempo necessario per completare un tragitto: *Da Roma a Parigi **ci vogliono** due ore di aereo.*, **Ci vuole** *almeno un mese per visitare il Canada.*
- che cosa è necessario per raggiungere un obiettivo: *Per viaggiare in un altro continente **ci vuole** il passaporto.*, *Per fare il giro del mondo **ci vogliono** molti soldi!*

PER COMUNICARE

indicare abitudini di viaggio

> Di solito viaggio con la mia famiglia.
> Non ci piacciono i viaggi organizzati.

raccontare un viaggio

> Silvia ha fatto una vacanza-studio in Germania.
> Quest'estate abbiamo dormito in ostello.
> In vacanza ho conosciuto dei ragazzi super simpatici.

esprimere dispiacere

> Che incubo!
> Terribile!

esprimere sorpresa

> Pazzesco!
> Incredibile!

CIVILTÀ 5 — Stereotipi

Osserva l'immagine. In questa foto, fatta oggi, ci sono almeno tre caratteristiche insolite. Puoi trovarne almeno una? Parlane con un compagno. Poi leggete sotto.

I due personaggi sono vestiti come negli anni cinquanta. Inoltre non hanno il casco (che è obbligatorio in Italia) e circolano in un centro storico (dove è quasi sempre vietato usare la macchina o lo scooter). Insomma, la foto non corrisponde alla realtà di oggi: è il tipico stereotipo della "dolce vita".

Sotto trovi altri stereotipi sugli italiani. Quali di questi esistono nel tuo Paese? Parlane con un compagno.

Gli italiani:
- mangiano pasta e pizza tutti i giorni ☐
- sono tutti dei *latin lover* (gli uomini) ☐
- sono molto cattolici ☐
- sono tutti mafiosi ☐
- adorano la mamma ☐
- amano tutti il calcio ☐

altro: _____

Gli stereotipi non provengono solo da Paesi stranieri. Spesso gli abitanti di uno stesso Paese hanno una visione stereotipata delle persone che vivono in regioni diverse. Nella cartina sotto trovi altri cliché negativi degli italiani sugli italiani.

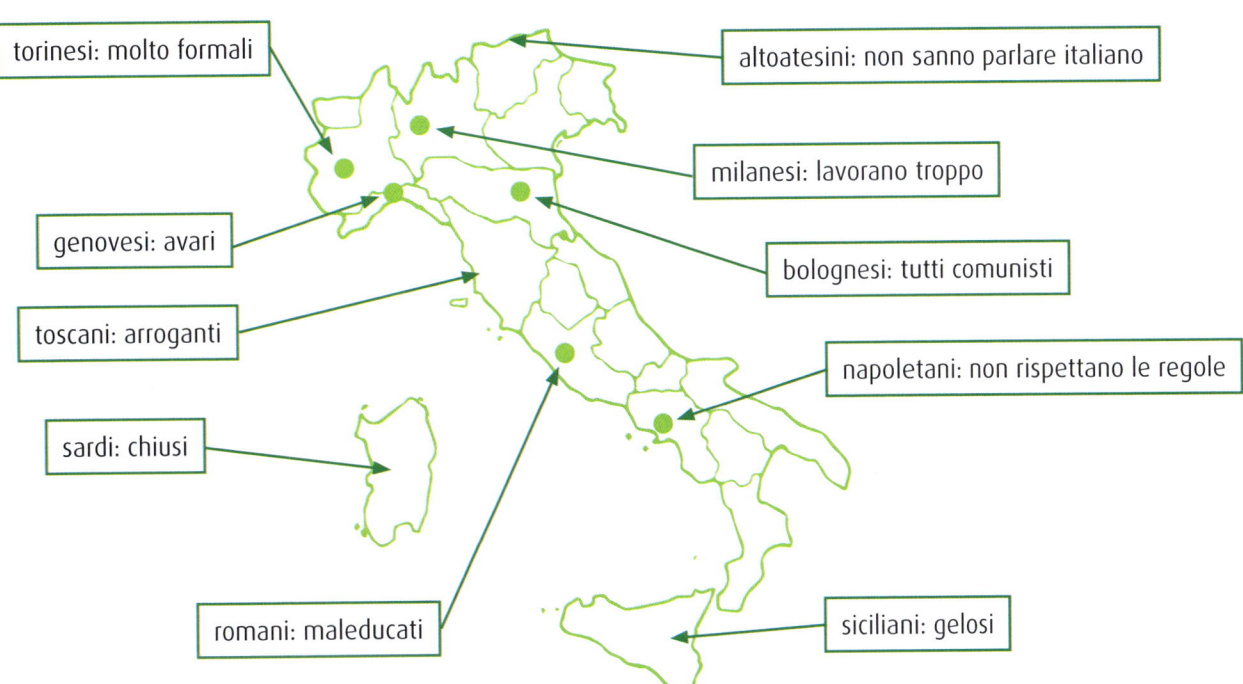

- torinesi: molto formali
- altoatesini: non sanno parlare italiano
- genovesi: avari
- milanesi: lavorano troppo
- toscani: arroganti
- bolognesi: tutti comunisti
- sardi: chiusi
- napoletani: non rispettano le regole
- romani: maleducati
- siciliani: gelosi

Quali sono secondo te gli stereotipi sul tuo Paese che circolano all'estero? E quali stereotipi esistono nel tuo Paese sugli abitanti delle sue varie aree geografiche? Parlane con tutta la classe.

BILANCIO 5

Comunicazione

Indica con il simbolo ✓ che cosa sai fare in italiano. Poi completa lo schema con le espressioni della lista.

	sì 😊	così così 😐	no ☹	frase numero
indicare le mie abitudini di viaggio				
riportare un'informazione				
raccontare un viaggio				
esprimere entusiasmo				
esprimere sorpresa				
esprimere dispiacere				

1. Che incubo!
2. Pazzesco!
3. Che città fantastica!
4. Di solito dormo in ostello.
5. In vacanza ho conosciuto alcuni ragazzi spagnoli.
6. Ho saputo che Nino ha fatto una vacanza-studio.

Grammatica e lessico

Coniuga i verbi tra parentesi al passato prossimo o all'imperfetto.

Un olandese in Italia

Mi chiamo Ben e sono uno studente olandese. Frequento il liceo a Utrecht e studio l'italiano come terza lingua. Un anno fa (io - fare) _____ un'esperienza magnifica. (Io - passare) _____ tutta l'estate in Italia. (Io - partire) _____ perché (volere) _____ praticare l'italiano, ma anche passare una vacanza rilassante al mare e divertirmi con gente nuova. All'inizio non (io - sapere) _____ come organizzare il viaggio. Non (io - conoscere) _____ nessuno in Italia e non (avere) _____ voglia di partire con i miei genitori. Poi (io - sapere) _____ che nel mio Paese (esserci) _____ diverse associazioni che (organizzare) _____ scambi tra famiglie olandesi e italiane. Così (io - partire) _____ per Orbetello, una piccola città nel sud della Toscana, un posto meraviglioso. (Io - abitare) _____ per tre mesi a casa di una famiglia italiana: Claudio e Beatrice (i genitori), Clelia e Domenico (i figli, di 12 e 10 anni... Troppo piccoli per me!). All'inizio (io - essere) _____ un po' preoccupato, (avere) _____ paura di sentirmi solo. Poi una domenica un amico di Claudio mi (invitare) _____ a giocare a calcio con alcuni suoi amici, e in quell'occasione (io - conoscere) _____ altri ragazzi della mia età. Da quel momento in poi la vacanza (essere) _____ un sogno!

Orbetello

Abbina le frasi alla reazione appropriata.

1. È successa una cosa incredibile! Non hai saputo?
2. L'albergo era brutto e sporco.
3. Volevo andare in vacanza con Giuseppe, ma ho cambiato idea.
4. Siamo arrivati in stazione tardi, ma per fortuna c'era un altro treno.

a. Ah, come mai? Non ti stava simpatico?
b. Meno male! L'avete preso?
c. Terribile! Siete andati da un'altra parte?
d. No, che cosa? Racconta!

Quali di queste parole non sono tipicamente associate al tema "viaggio"?

treno ☐   valigia ☐   incubo ☐   guida ☐   gioco ☐   volo di andata ☐   prenotazione ☐   soldi ☐

Abilità: parlare (monologo)

Che cosa rappresenta il viaggio o la vacanza per te?
Completa lo schema con una serie di associazioni (per esempio: sensazioni → divertirsi, cosa faccio → mi riposo, ecc.). Hai 4 minuti per completare lo schema (sotto o su un foglio a parte). Sei libero di scrivere tutto quello che vuoi. Poi usa lo schema come riferimento: spiega che cosa significa viaggiare o fare una vacanza per te.

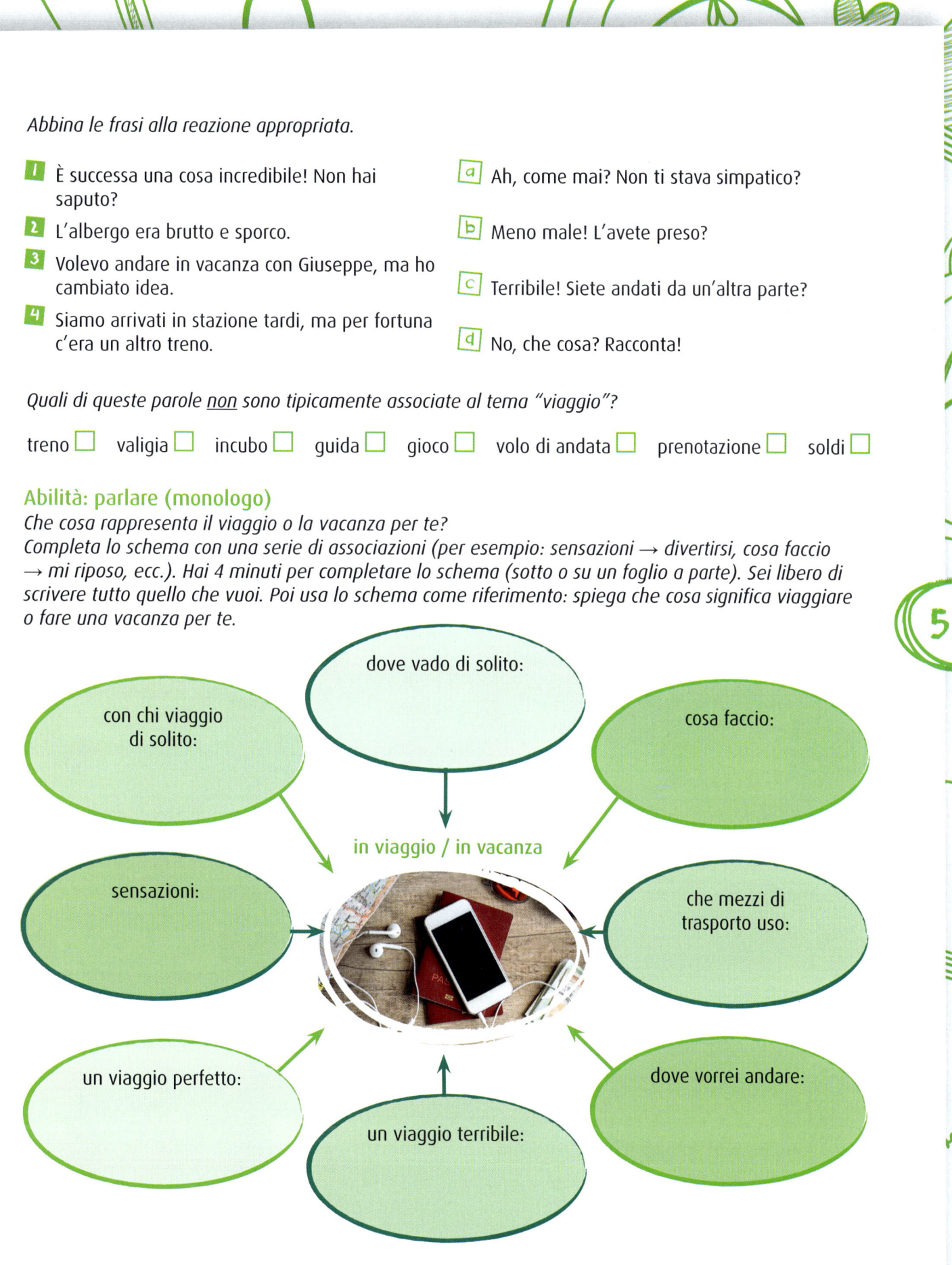

BILANCIO 5

VOCABOLARIO ESPRESSO 5

- nord
- sud
- est
- ovest
- spendere
- ostello
- bellissimo / stupendo
- scegliere
- stressante
- però
- prenotazione
- riposante
- lamentarsi
- indimenticabile
- vita notturna
- avaro
- volo
- sistemazione
- dipende
- pazzesco!
- Come mai?
- non vedo l'ora di...
- che incubo!

Nella foto: Torri del Vajolet, Trentino Alto Adige

LEZIONE 6 — Stare in forma

Grammatica
- l'imperativo informale irregolare
- i plurali irregolari (parti del corpo)
- l'imperativo e i pronomi
- bene, meglio, benissimo / buono, migliore, ottimo

Comunicazione
- Mi fa male la testa.
- In bocca al lupo!
- Non avere paura.
- Rilassati!
- Fammi vedere.

ESERCIZIO Problemi di salute

Queste persone non stanno bene. Che problema hanno? Abbina le immagini al problema, come nell'esempio.

1  ☐

2  [f]

3  ☐

4 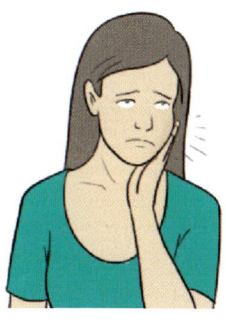 ☐

5  ☐

6  ☐

[a] Passo tutto il giorno seduto a studiare: mi fa male la schiena!
[b] Ho mangiato un pezzo di cioccolato e ora ho mal di denti!
[c] Sono troppo stressata: mi è venuto mal di pancia!
[d] Ho preso freddo e mi è venuta la febbre.
[e] Stanotte non ho dormito per niente e ora mi fa male la testa.
[f] Ho passato molto tempo al sole e mi sono scottato.

> Mi fa male la pancia.
> Mi fanno male i denti.
> Ho mal di schiena.
> Mi è venuta la febbre.

E 1

Stare in forma

2 LEGGERE Soluzioni antistress

Una ragazza, Agnese, chiede consiglio in un forum online. Leggi il suo post e rispondi alla domanda: quali dei problemi del punto 1 a pagina 87 rischia di avere Agnese?

- a mal di schiena
- b mal di denti
- c mal di pancia
- d febbre
- e mal di testa
- f scottatura

Agnese
Ciao a tutti, tra quattro mesi ho la maturità scientifica. Ho molta paura e sono super nervosa… Soffro di insonnia (dormo al massimo 4 ore a notte!), di giorno a scuola sono sempre stanca e di cattivo umore, il pomeriggio studio per ore e ore (mi alzo solo per la cena, ma a volte neanche mangio la sera!), ma non riesco a concentrarmi e alla fine tutta questa fatica non serve a niente… Altri quattro mesi così? Impossibile! Come posso arrivare alla maturità serena e in forma? Devo andare dal dottore? Aiuto!

Adesso leggi i consigli di questi ragazzi. Poi completa lo schema a pagina 89, come nell'esempio.

Giacomo
Fa' attenzione allo stress: non aiuta la memoria e può essere pericoloso per la salute. Non stare seduta per troppe ore e fa' delle pause durante il pomeriggio: chiama un amico, leggi un libro, esci e va' a fare una passeggiata (anche breve)… L'esame di maturità è impegnativo: sii costante nello studio, ma non dimenticare di fermarti per qualche minuto quando passi da una materia all'altra. Le pause servono a ridare energia!

Bianca
Non andare nel panico! Niente medico (almeno per adesso). La soluzione antistress esiste e si chiama attività fisica. Fa' ginnastica qualche volta a settimana: va' in palestra, oppure se non hai tempo o soldi guarda qualche *tutorial* di Pilates online. O vieni a fare yoga con me ☺ Lo yoga è meno dinamico del Pilates, ma serve a rilassarsi e a dormire senza problemi. Sta' seduta correttamente quando studi (così la schiena non soffre). Se il corpo è in forma, anche la testa funziona alla grande! In bocca al lupo per l'esame!

Amira
Ciao Agnese! Non avere paura, siamo tutti nella stessa situazione ☹. Ricorda che l'alimentazione è molto importante. Non saltare mai i pasti: il cibo serve a dare energia al corpo. L'importante è mangiare in modo sano: evita cibi grassi e pesanti, bevi molta acqua e fa' uno spuntino a base di frutta a metà pomeriggio. Se hai problemi la notte, prima di andare a dormire bevi un po' di camomilla (non bere assolutamente caffè). Buono studio!

Italo informa

Quando un amico ha un esame, per augurargli successo, puoi dirgli: **In bocca al lupo!**
La risposta standard è: **Crepi!**

Vado **dal** dottore. = al suo studio medico
Vado **da** un amico = a casa sua

Stare in forma

Rileggi i post del forum a pagina 88 e completa lo schema sotto, come nell'esempio.

rimedio	consigliato	sconsigliato	il testo non lo dice
1 fare sport	☐	☐	☐
2 saltare i pasti	☐	☐	☐
3 ballare	☐	☐	☐
4 bere molta acqua	☐	☐	☐
5 mangiare solo cibo biologico	☐	☐	☐
6 bere caffè la sera	☐	✓	☐
7 studiare in piedi	☐	☐	☐
8 mangiare cibo sano	☐	☐	☐
9 fare delle pause	☐	☐	☐

Rileggi i post, cerca i verbi all'imperativo informale (con "tu") e completa i due schemi sotto.

imperativo irregolare		
	forma enunciativa	forma negativa
andare		
avere	abbi	
bere		
dare	da'	non dare
dire	di'	non dire
essere		non essere
fare		non fare
stare		
uscire		non uscire
venire		non venire

imperativo regolare		
	forma enunciativa	forma negativa
chiamare		non chiamare
dimenticare	dimentica	
evitare		non evitare
guardare		non guardare
leggere		non leggere
ricordare		non ricordare
saltare	salta	

E 2

3 ESERCIZIO Rimedi e consigli

Marzia ha l'influenza, Nico vuole perdere peso: da' consigli ai due ragazzi. Formula frasi con i verbi della lista all'imperativo informale (anche negativo), come negli esempi. Sono possibili soluzioni diverse.

- passare tutto il giorno davanti al computer
- fare un bagno non troppo caldo
- bere molta acqua
- lasciare le finestre aperte
- fare sport
- andare a scuola a piedi
- prendere un'aspirina
- stare a casa tutto il weekend
- bere un tè caldo
- andare in farmacia
- essere più attivo
- uscire

E 3

Consigli per Marzia
Fa' un bagno non troppo caldo.

Consigli per Nico
Non passare tutto il giorno davanti al computer.

LEZIONE 6

Stare in forma

4 ESERCIZIO *Servire*
Completa le frasi come preferisci. Scrivi almeno due cose per ogni attività. Poi confronta le tue frasi con quelle di un compagno: per voi queste attività hanno una funzione simile o diversa?

> Non **serve** a niente.
> Le pause **servono** a dare energia.
> Lo yoga **serve** a rilassarsi.

Lo sport serve a _____.
Mangiare cibo sano serve a _____.
Dormire bene serve a _____.
Passare tempo all'aria aperta serve a _____.

E 4

5 SCRIVERE Fai una vita sana?
Su un foglio descrivi cosa fai di sano o poco sano nella vita. Dividi il foglio in due sezioni ("sano" e "poco sano"). Come mangi? Quanto bevi? Quanto dormi? Quanta attività fisica fai? Che orari hai? Eccetera. Poi mostra la descrizione a un compagno: chi fa una vita più sana?

6 ASCOLTARE Non mi sento bene.
Anna va in farmacia. Ascolta il dialogo e seleziona le parti del corpo nominate.

gomito ☐   spalla ☐   collo ☐   orecchio ☐   occhio ☐   testa ☐
gamba ☐   naso ☐
ginocchio ☐   bocca ☐
piede ☐   petto ☐
caviglia ☐   pancia ☐   polso ☐   mano ☐   dito ☐   braccio ☐

plurali irregolari
il braccio → le braccia
il dito → le dita
l'orecchio → le orecchie
il ginocchio → le ginocchia
la mano → le mani

Stare in forma

Adesso leggi il fumetto e controlla le tue risposte.

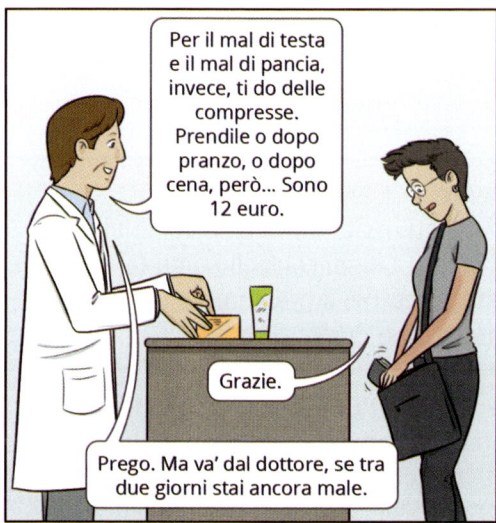

Stare in forma

compresse · gocce · pomata · sciroppo

Rileggi il fumetto e completa lo schema con i verbi all'imperativo informale, come negli esempi. Poi sottolinea l'opzione esatta e completa la regola con 6 dei verbi dello schema.

infinito	imperativo
dire	
fare	fammi
evitare	
mettere	
riposarsi	
prendere	prendile
andare	
rilassarsi	

Con l'imperativo informale (con *tu*) i pronomi diretti, indiretti e riflessivi si trovano **dopo il** / **prima del** verbo, per esempio:

_____   _____
_____   _____

Con alcuni verbi i pronomi raddoppiano la consonante, per esempio:

_____   _____

7 ESERCIZIO Consigli per stare bene
Formula dei consigli con l'imperativo informale e il pronome, come nell'esempio.

Per stare bene:

1. mangio frutta. — Mangiala anche tu!
2. mi rilasso. _____
3. faccio sport. _____
4. evito i cibi grassi. _____
5. bevo molta acqua. _____
6. faccio pause quando studio. _____   E 5
7. rallento i ritmi. _____   E 6
8. vedo gli amici. _____   E 7

8 PARLARE In farmacia
Lavora con un compagno (studente A e studente B). Leggete le vostre istruzioni e fate un dialogo. Potete seguire il modello sotto.

Studente A
Hai 40 anni e lavori in una farmacia. Servi un giovane cliente. Fa' domande per capire che problema ha e suggerisci rimedi e soluzioni.

Studente B
Non ti senti molto bene e decidi di andare in farmacia. Chiedi consiglio a un farmacista (adulto). Descrivi il problema e indica da quanto tempo dura.

- ■ Ciao.
- ▼ Buongiorno, volevo un consiglio...
- ■ Dimmi.
- ▼ Ho un problema... Non mi sento bene... Mi fa male...
- ■ Allora prendi... Mettilo / Prendilo due volte a... Evita...

92 | novantadue — LEZIONE 6

Stare in forma

9 LEGGERE Abitudini che ti cambiano la vita
Leggi l'articolo e abbina ogni paragrafo al titolo corrispondente, come negli esempi.

- a Bevi un bicchiere d'acqua quando ti svegli.
- b Basta con i fuori pasto!
- c Leggi un libro a settimana.
- d Inizia la giornata con il carico di energia.
- e Dormi 8 o 9 ore.
- f Fa' esercizio fisico.
- g Divertiti!
- h Stabilisci delle priorità.
- i Definisci le tue scadenze.
- l Tieni in ordine la tua stanza.

Abitudini che ti cambiano la vita

Vuoi migliorare la tua vita? È sufficiente cambiare alcune abitudini! Ma attenzione, non cambiarle tutte insieme: l'ideale è acquisire un'abitudine nuova al mese e cambiare stile di vita gradualmente.

1. Benessere e salute

_____ Il movimento è fondamentale. Per essere in forma servono almeno trenta minuti al giorno. Dedicati a un'attività sportiva, ma non la scegliere in base a principi teorici: deve piacerti, innanzi tutto! Se hai voglia di conoscere gente nuova, fa' uno sport di squadra.

_____ Fa' una buona colazione: è il pasto più importante del giorno. Non saltarlo assolutamente! La colazione ideale è abbondante e comprende latte, caffè, cereali e succo di frutta.

_____ Le ore di riposo notturno sono molto importanti: non le ridurre! Quando hai sonno il tuo livello di stress aumenta. Prima di andare a dormire, non guardare la TV, o lo schermo di un computer, o il display di un cellulare.

Basta con i fuori pasto! Consumare snack tra i pasti è il modo migliore per ingrassare. Se hai fame puoi mangiare la frutta (non mangiarla subito dopo pranzo o cena: è meglio come spuntino). Il vantaggio della frutta è che puoi mangiarla a volontà!

_____ A inizio giornata il nostro corpo ha bisogno di liquidi. L'acqua è vita: non la bere solo quando hai sete, ma durante tutta la giornata… Ah, e le bevande gassate? Vietate: fanno malissimo!

_____ Serve a mantenere la mente attiva e ad aumentare le conoscenze.

2. Organizzazione

_____ Devi occuparti di una serie di cose? Non le fare tutte insieme, non avere fretta: decidi da dove cominciare.

_____ Non è vero che il caos favorisce la creatività! L'ordine serve a restare concentrati, non dimenticarlo!

Definisci le tue scadenze. Se hai alcuni impegni, decidi subito quando prevedi di finirli.

_____ Non pensare solo alla scuola o ai compiti. Quando esci, concentrati su altro.

adattato da d.repubblica.it

alcune abitudini = delle abitudini   **alcuni** impegni = degli impegni

Adesso rileggi l'articolo: quali delle pratiche indicate non fanno parte delle tue abitudini? Quali possono essere utili per te? Che cosa devi imparare a fare per migliorare la tua vita? Parlane con un compagno.

Per me può essere utile…   Per migliorare la mia vita devo imparare a…

LEZIONE 6

Stare in forma

Osserva i verbi all'imperativo informale tratti dal testo a pagina 93, poi completa la regola.

non cambia**le** (le = le abitudini)
non salta**lo** (lo = il pasto)
non **la** bere (la = l'acqua)
non **le** fare (le = le cose)

Quando l'imperativo informale è negativo, il pronome diretto si trova:

a alla fine dell'infinito.
b prima dell'infinito o alla fine dell'infinito.
c prima dell'infinito.

Adesso rileggi il testo e abbina le espressioni all'immagine corrispondente. Attenzione: una delle espressioni non è nel testo, già la conosci.

| avere sonno | avere fame | avere sete | avere fretta | avere paura |

1 _____ **2** _____ **3** _____ **4** _____ **5** _____

10 ESERCIZIO Imperativo negativo e pronomi
Segui il modello e forma delle frasi, come nell'esempio.

> Le ore di riposo sono importanti. Non (*ridurre*) **Le ridurre / ridurLe!**

E 8

1 Le bibite gassate fanno male. Non (*bere*) _____
2 Gli snack sono grassi. Non (*mangiare*) _____
3 La colazione è importante. Non (*saltare*) _____
4 Lo sport è utile. Non (*eliminare*) _____ dalla tua vita!
5 Le abitudini nuove sono utili, ma non (*adottare*) _____ tutte insieme!

11 ASCOLTARE Allenamenti in piscina 🔊 21
Mina pratica nuoto da molti anni. Oggi è andata in piscina ad allenarsi. Ascolta il dialogo tra lei e il suo istruttore e seleziona i nomi degli sport che senti, come nell'esempio.

☐ ciclismo ☑ nuoto ☐ palestra ☐ atletica ☐ arti marziali ☐ pallanuoto

Stare in forma

Adesso riascolta e seleziona l'opzione corretta. Poi leggi la trascrizione sotto e controlla le tue risposte.

1 Oggi Mina
- a. nuota malissimo.
- b. fa qualche errore mentre nuota.
- c. nuota come sempre.

2 Oggi Mina
- a. è in forma.
- b. è rilassata.
- c. non sta molto bene.

3 Oggi Mina
- a. nuota lentamente.
- b. nuota a lungo.
- c. nuota per poco tempo.

4 Domani Mina vuole
- a. uscire.
- b. restare a casa.
- c. allenarsi.

5 Per l'istruttore
- a. il nuoto è impegnativo.
- b. l'atletica è impegnativa.
- c. tutti gli sport sono impegnativi.

■ Pronta, Mina? Cominciamo? Va', tuffati.
▼ Ok.
■ Continua così... Brava... Non andare troppo veloce... Sta' attenta alle braccia... Tieni dritte quelle gambe... Respira... Ok, ok, fermati.
▼ Come sono andata?
■ Bene, ma c'era un piccolo problema con le braccia. Non alzarle troppo.
▼ Oggi non mi sento benissimo, non sono in forma.
■ Che cos'hai?
▼ Mi fa male la testa. Non sono concentrata.
■ Non ti preoccupare, oggi facciamo un allenamento breve. Ti va di fare un'altra vasca?
▼ Ok.
■ Brava... Alza meno la testa, girala, girala! Esatto, così... Attenzione al gomito, non piegarlo! Hai il collo teso, rilassati! Brava... Ok, fermati.
▼ Andava meglio?
■ Mah, sicuramente il movimento era migliore di prima, ma non è la tua giornata. In genere hai uno stile ottimo, praticamente perfetto, ma oggi non sei abbastanza rilassata. Possiamo fermarci, anche perché dobbiamo lasciare la vasca alla pallanuoto. Esci, esci... Allora, dimmi che cosa vuoi fare domani. Facciamo un allenamento, ma lungo stavolta, o resti a casa, ti riposi e rimandiamo a dopodomani?
▼ Non lo so, in effetti non sono in forma, magari riposarmi mi fa bene, e poi in realtà domani voglio andare a vedere degli amici che giocano a calcio...
■ Ok, allora: domani non venire, ma poi gli altri giorni promettimi che facciamo un allenamento lungo. Lo sai, Mina, che nel nuoto per ottenere risultati buoni ci vuole costanza! Non ti dimenticare che tra pochi mesi ci sono i campionati regionali!
▼ Lo so! Infatti mi chiedo sempre: ma perché non ho scelto atletica quando ero piccola?
■ Non sottovalutare l'atletica, mia cara! Per tutti gli sport ci vuole impegno!

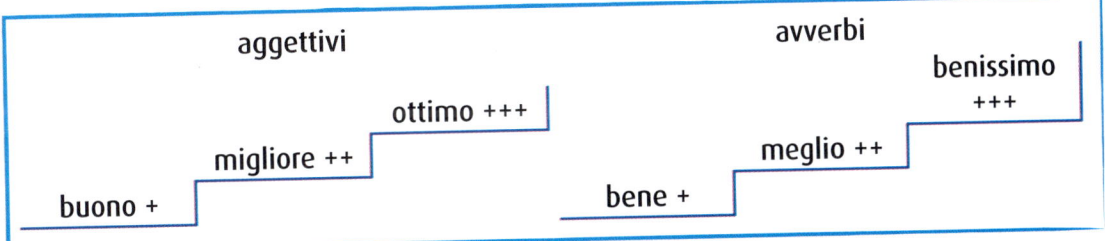

LEZIONE 6

Stare in forma

Adesso osserva le immagini e abbinale alle espressioni della lista corrispondenti.

| tenere le gambe dritte | alzare il braccio | girare la testa | piegare il gomito |

a _____ b _____ c _____ d _____

12 PARLARE Sei sportivo?
Lavora con un compagno. Ispiratevi allo schema sotto e parlate di sport.

Pratichi uno sport? Sei sportivo/a?

sì
Quale?
Da quanto tempo?
Sei bravo/a?

Perché lo pratichi?
- Mi fa bene.
- Così vogliono i miei genitori.
- È divertente.
Ecc.

no
Quale sport ti piace?
Quale vuoi imparare?

Perché ti piace?
- Lo praticano i miei amici.
- Fa bene.
- È divertente.
Ecc.

Preferisci gli sport individuali o di squadra? Perché?

Italo informa
Molti sport non hanno una traduzione in italiano: **baseball**, **hockey**, **rugby**, **tennis**, **snowboard**, ecc.

13 ESERCIZIO Meglio o migliore? Benissimo o ottimo?
Forma delle frasi logiche. Sono possibili soluzioni diverse.

1. Per rilassarsi lo yoga è
2. Lo yoga è un
3. La prima volta che vai al mare è
4. Lo stretching fa
5. Fare movimento fisico è un'
6. Il nuoto è uno sport

meglio
migliore
benissimo
ottimo/a

stare poco al sole.
abitudine di vita.
alla schiena.
della palestra perché è più completo.
modo per rilassarsi.
della danza.

E 9

Stare in forma

14 ASCOLTARE E GIOCARE Una lezione di ginnastica 🔊 22

Ascolta la lezione di ginnastica e seleziona le due immagini che <u>non</u> corrispondono agli esercizi descritti.

Adesso riascoltate tutti insieme e provate a eseguire gli esercizi di ginnastica!

Ora lavora con due o tre compagni. Ogni gruppo prepara una lista di tre o quattro esercizi fisici (è possibile usare i verbi della lista). Poi a turno un membro di un gruppo legge la descrizione di un esercizio a voce alta e chiede al membro di un altro gruppo di eseguirlo. Ogni esercizio corretto vale un punto. Vince il gruppo che conquista più punti.

| piegare | alzare | girare | tenere dritto | fermarsi |
| abbassare | stendere | allargare | stringere | |

E 10

15 PROGETTO Decalogo per una vita sana

Secondo diversi studi alcune delle principali fonti di stress per i ragazzi sono:

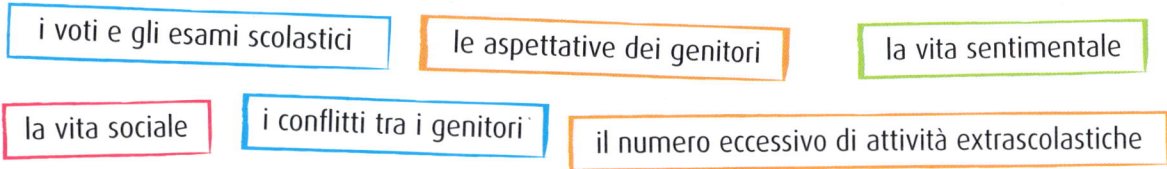

Lavora con due compagni. Preparate un decalogo (una lista di dieci consigli) su come vivere senza stress. Potete ispirarvi ai temi sopra, o concentrarvi su altri. Seguite il modello.

> 1. Non fare troppe cose durante la settimana: il riposo è importante!
> 2. Esci e divertiti: è un buon rimedio contro lo stress!
> 3. Quando studi, fa' delle pause e rilassati, così dopo sei più concentrato.

E 11

GRAMMATICA 6

GRAMMATICA

1 L'imperativo irregolare

	andare	avere	bere	dare	dire	essere	fare	stare	uscire	venire
(tu)	va' / vai	abbi	bevi	da' / dai	di'	sii	fa' / fai	sta' / stai	esci	vieni
(Lei)	vada	abbia	beva	dia	dica	sia	faccia	stia	esca	venga
(voi)	andate	abbiate	bevete	date	dite	siate	fate	state	uscite	venite

2 L'imperativo negativo

	guardare	leggere	partire
(tu)	non guardare*	non leggere*	non partire*
(Lei)	non guardi	non legga	non parta
(voi)	non guardate	non leggete	non partite

*L'imperativo negativo informale con il *tu* si forma con *non* + l'infinito del verbo: **Non avere** paura!, **Non bere** caffè la sera!, **Non dimenticare** di fare i compiti!, **Non essere** antipatico!

3 L'imperativo e i pronomi

	tu	voi	Lei
forma enunciativa	pronome **unito al verbo** Prendi questa pomata e metti**la** sulle braccia. Promett**imi** che andiamo al cinema! Ferma**ti**! L'acqua fa bene, bevi**ne** molta.	pronome **unito al verbo** Prendete questa pomata e mettete**la** sulle braccia. Promettete**mi** che andiamo al cinema! Fermate**vi**! L'acqua fa bene, bevete**ne** molta.	pronome **prima del verbo** Prenda questa pomata e **la** metta sulle braccia. **Mi** prometta che andiamo al cinema! **Si** fermi! L'acqua fa bene, **ne** beva molta.
forma negativa	pronome **prima dell'infinito o unito all'infinito** Non **la** bere! / Non ber**la**! Non **gli** telefonare ora! Non telefonar**gli** ora! Non **ti** preoccupare! / Non preoccupar**ti**! Non **ci** andare! / Non andar**ci**!	pronome **prima dell'infinito o unito all'infinito** Non **la** bevete! / Non bevete**la**! Non **gli** telefonate ora! / Non telefonate**gli** ora! Non **vi** preoccupate! / Non preoccupate**vi**! Non **ci** andate! / Non andate**ci**!	pronome **tra il *non* e il verbo** Non **la** beva! Non **gli** telefoni ora! Non **si** preoccupi! Non **ci** vada!

I verbi *andare, dare, dire, fare* e *stare* raddoppiano la consonante: *Il libro? Da**ll**o a Pietro., Fa**mm**i un favore!, Va**cc**i a piedi!* Questa regola non è valida con il pronome *gli*: *Di**g**li la verità!*

4 Buono e bene

buono +	più buono / migliore ++	buonissimo* / ottimo +++
bene +	meglio ++	benissimo +++

*Sul superlativo assoluto degli aggettivi: vedi **Grammatica 7**.

PER COMUNICARE

descrivere problemi fisici

> Ho mal di denti.
> Mi fa male la testa.

dare consigli per una vita sana

> Non stare sempre seduto!
> Fa' ginnastica!

indicare l'utilità di un'attività

> Lo yoga serve a rilassarsi.
> Non serve a niente.

parlare di sport

> Il nuoto è ottimo per la schiena.
> Gli sport di squadra sono più divertenti degli sport individuali.

dare istruzioni

> Gira la testa.
> Piega il braccio.

CIVILTÀ 6 — Sport e adolescenti

Leggi l'articolo e, sotto, abbina i paragrafi numerati al grafico corrispondente.

Adolescenti e sport: il 40% non lo pratica

Quasi il 40% degli adolescenti italiani intorno ai 14 anni non pratica sport oltre alle due ore settimanali di attività fisica a scuola, o segue una disciplina sportiva per meno di due ore alla settimana. La percentuale sale al 44% per le ragazze. Troppo poco.
Secondo Silvano Bertelloni, studioso dell'adolescenza all'Università di Pisa, il problema non è l'accesso allo sport: circa l'80% dei bambini italiani tra i 6 e i 10 anni ha l'opportunità di seguire almeno una pratica sportiva. Ma negli anni successivi, durante l'adolescenza, molti ragazzi abbandonano lo sport in modo totale o parziale. Per Bertelloni i motivi sono diversi:
1) circa il 15% dei ragazzi pratica sport con l'ambizione di diventare un campione - come gli idoli nelle foto*-, ma rinuncia quando capisce che questo sogno non ha chance di diventare realtà. La voglia di vincere fa parte di tutte le attività sportive e ha un valore positivo per lo sviluppo psichico ed emotivo, ma non deve diventare una filosofia o, peggio, un diktat. Comunque, quasi il 50% dei ragazzi che praticano sport lo fa semplicemente per divertirsi;

2) l'ambizione dei genitori pesa sui ragazzi, che sotto la pressione esterna decidono di abbandonare attività sportive in cui non ottengono risultati ottimi. Fortunatamente, solo il 10% dei ragazzi sceglie uno sport in funzione dei desideri dei genitori;
3) durante questa fase della vita si manifestano interessi nuovi e più forti, come la voglia di passare più tempo con gli amici.

Tra i ragazzi che non praticano sport le motivazioni sono: "non ho tempo" (40%), "non mi piace" (20%) e "non ho soldi" (12%). Un dato, quest'ultimo, che fa riflettere.

adattato da www.corriere.it/salute

1. tra i ragazzi sportivi: praticano uno sport che non hanno scelto i genitori / praticano lo sport che hanno scelto i genitori
2. tra i ragazzi sportivi: fanno sport per divertirsi / fanno sport per altri motivi
3. tra gli adolescenti: fa sport più di due ore alla settimana / pratica poco sport o non lo pratica
4. tra i bambini: non hanno accesso allo sport / hanno accesso allo sport

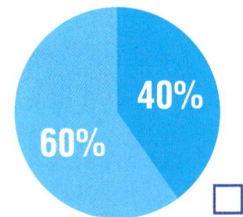 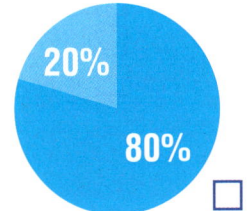 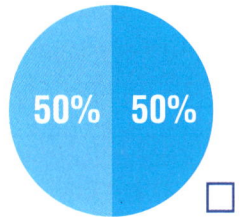 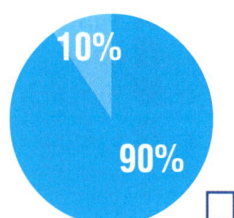

Lavora con un compagno. Rispondete alle seguenti domande. Se necessario, fate delle ricerche in internet. Alla fine confrontatevi con il resto della classe.

Tu quante ore di sport hai a scuola? Secondo te sono abbastanza?
Nel tuo Paese è facile e/o economico praticare uno sport?
Ci sono differenze tra ragazzi e ragazze?

*Da sinistra in senso orario: Valentino Rossi, Mario Balotelli, Sara Errani.

VIDEO 3

SCUSI, SI SENTE BENE?

1 Prima della visione
Osserva le foto e immagina che cosa succede nelle due scene. Seleziona un'opzione, poi guarda il video e controlla.

1 Luna ha:

- la febbre ☐
- sonno ☐
- fame ☐
- sete ☐
- mal di pancia ☐
- paura ☐
- fretta ☐

2 Che cosa stanno guardando i ragazzi?

- un animale ☐
- una persona ☐
- un oggetto misterioso ☐
- un fiore ☐
- un bambino ☐

2 Dopo la visione
Indica se le affermazioni sono vere o false.

	vero	falso
1 Luna si sente in forma.	☐	☐
2 Luna conosce l'uomo per terra.	☐	☐
3 Per Elena forse l'uomo non è morto.	☐	☐
4 Davide vuole andare subito a vedere come sta l'uomo.	☐	☐
5 Matteo vuole prima finire il gelato.	☐	☐
6 Elena vuole restare da sola con Luna.	☐	☐
7 Davide e Matteo vanno a chiamare la polizia.	☐	☐
8 L'uomo sta solo dormendo o ascoltando musica.	☐	☐

3 Imperativi
Sottolinea l'imperativo corretto.

1 **Calma te, / Ti calmi, / Calmati,** Luna.
2 Ma dai, **ti sbrighi / sbrigati / sbriga te**! Andiamo!
3 Tu resta qui, **non ti muovi / non muoviti / non ti muovere**!
4 No, **non lasciarmi / non mi lasci / non lasciami** qui da sola!

4 Che cosa significa?
Seleziona il significato delle espressioni evidenziate.

1

> Non lo so, è lì, dietro un cespuglio! Mamma mia... Sto male... **Non mi sento più le gambe...**

a. Ho bisogno di una medicina per le gambe.
b. Mi fa male tutto, ma non le gambe.
c. Ho molta paura.

2

> Ecco, non mi credete, **lo sapevo**...

a. Non capisco perché.
b. La vostra reazione non mi sorprende.
c. State esagerando!

3

> Dai, **è proprio a due passi, non ci vuole niente**... Matteo, vieni con me?

a. Per arrivare è possibile seguire due strade.
b. È inutile andarci.
c. È molto facile arrivare.

Guarda la **videogrammatica** dell'Episodio 3 e fai i **linguaquiz** delle Lezioni 5 e 6!

Usi dei pronomi riflessivi
Luna dice: "Non **mi** sento più le gambe...". Questo uso del pronome è tipico della lingua parlata: non ha un significato grammaticale specifico, ma serve a dare enfasi.

BILANCIO 6

Comunicazione

Indica con il simbolo ✓ che cosa sai fare in italiano. Poi completa lo schema con le espressioni della lista.

	sì 😊	così così 😐	no ☹	frase numero
descrivere problemi fisici				
augurare successo a un esame				
indicare l'utilità di un'attività				
dare consigli per una vita sana				
parlare di sport				
dare istruzioni				

1. Mi piace il nuoto perché fa benissimo.
2. Alza il braccio e piega il gomito.
3. Mi fa male la pancia.
4. Fa' esercizio fisico.
5. Lo yoga serve a rilassarsi.
6. In bocca al lupo!

Grammatica e lessico

Coniuga il verbo tra parentesi all'imperativo informale (con "tu"), poi sostituisci l'oggetto diretto con un pronome, come negli esempi.

(Fare) → __Fa'__ sport! → __Fallo!__
(Non mangiare) → __Non mangiare__ snack! → __Non mangiarli / Non li mangiare!__

1. (Bere) _____ molta acqua! → _____
2. (Prendere) _____ queste compresse! → _____
3. (Non bere) _____ bibite gassate! → _____ / _____
4. (Mettere) _____ questa pomata! → _____
5. (Dire) _____ la verità! → _____
6. (Non saltare) _____ la colazione! → _____ / _____
7. (Ascoltare) _____ questa canzone! → _____
8. (Tenere) _____ la tua camera in ordine! → _____ in ordine!

Queste persone spiegano i loro problemi di salute. Ricostruisci le loro frasi.

Irene: la / è / venuta / febbre / mi _____

Alberto: pancia / male / fa / la / mi _____

Cristina: di / mal / denti / ho _____

Ombretta: a / dormire / riesco / non _____

Cesare: fanno / i / male / mi / denti _____

Completa l'immagine con le parole della lista.

polso · mano · piede · gomito · pancia · gamba · collo · braccio · ginocchio · caviglia

Abilità: ascoltare

Ascolta il reportage sulla dieta mediterranea e seleziona l'opzione esatta. 🔊 23

1 La dieta mediterranea:
- a è nata cinquanta anni fa.
- b è rimasta quasi uguale fino a cinquanta anni fa.
- c non è mai cambiata.

2 Oggi la dieta mediterranea è associata:
- a a Cipro, al Portogallo e alla Croazia.
- b all'Italia, alla Grecia, alla Spagna e al Marocco.
- c a diversi Paesi mediterranei.

3 La dieta mediterranea consiglia di consumare:
- a un po' di carne bianca.
- b molta carne rossa.
- c solo pane, pasta, frutta e verdura.

4 Quale di questi alimenti consiglia la dieta mediterranea?
- a il burro
- b le mandorle
- c la maionese

5 La dieta mediterranea consiglia:
- a di cucinare con poco sale.
- b di cucinare con l'olio di oliva.
- c di non cucinare quasi mai.

6 Oggi la pasta è un alimento comune:
- a solo in Italia.
- b soprattutto nel Mediterraneo.
- c in tutto il mondo.

7 La dieta mediterranea:
- a fa bene alla salute.
- b fa bene solo a spagnoli, greci e italiani.
- c non è adatta ai giapponesi.

BILANCIO 6

LEZIONE 7 — Cosa farò da grande

Grammatica
- bisogna
- il futuro
- il superlativo assoluto
- la forma impersonale con *si*

Comunicazione
- Che cosa farai? – Mi iscriverò all'università.
- Per arrivare lì ci metto mezz'ora.
- Per trovare lavoro si usa internet.
- Sono felicissimo!

1 LEGGERE Offerte di lavoro
Leggi le offerte di lavoro prese dal sito di annunci www.indeed.com.

A
Assistente Web Marketing part time (dalle 09:00 alle 13:00) per social media marketing. Requisiti: diploma di maturità, ottima conoscenza dell'inglese, conoscenza base di Google Analytics. Esperienza professionale non necessaria. Contratto a tempo determinato (1 anno).

B
Insegnante per lezioni private in scienze e matematica a studenti della scuola media inferiore. Disponibilità: 10 ore alla settimana dal lunedì al venerdì.

C
Infermiere/a laureato/a in scienze infermieristiche con minimo due anni di esperienza per assistenza a persone anziane. Contratto a tempo indeterminato. Disponibilità a lavorare durante il fine settimana.

D
Stage parrucchiere/a per giovane con diploma di parrucchiere. Tempo determinato (6 mesi) part time (lunedì - venerdì, dalle 15:00 alle 19:00) con rimborso spese.

E
Programmatore/trice Junior full time (09:00 - 18:00) laureato o diplomato in Informatica / Matematica. Requisiti: buona conoscenza del linguaggio Java e della lingua inglese. Tempo determinato (1 anno), stipendio proporzionato al tipo di formazione.

F
Lavoro stagionale: **barista** full time dal 1° luglio al 1° settembre in villaggio turistico. Preparazione bevande calde e fredde e servizio ai tavoli. Disponibilità: dal mercoledì alla domenica (07:00 - 16:00). Necessaria la conoscenza dell'inglese.

Adesso abbina le espressioni al loro significato, come nell'esempio.

1	a tempo determinato	a	che ha finito la scuola superiore
2	part time	b	per 40 ore alla settimana
3	laureato	c	soldi che ricevi per un lavoro ogni mese
4	a tempo indeterminato	d	che dura per una sola stagione
5	stage	e	per un periodo limitato
6	rimborso spese	f	per 20 ore alla settimana
7	full time	g	piccola quantità di soldi per coprire i costi (cibo, trasporto, ecc.)
8	diplomato	h	che ha finito l'università
9	stipendio	i	periodo di formazione professionale per giovani con poca esperienza
10	stagionale	l	per un periodo illimitato

Cosa farò da grande

Adesso rileggi gli annunci alla pagina precedente e completa lo schema. Attenzione: per ogni frase sono possibili più abbinamenti.

	annuncio					
	A	B	C	D	E	F
1 Per questo lavoro è necessario conoscere l'inglese.	☐	☐	☐	☐	☐	☐
2 Questo lavoro va bene per uno studente non diplomato.	☐	☐	☐	☐	☐	☐
3 Per questo lavoro serve la laurea.	☐	☐	☐	☐	☐	☐
4 Per questo lavoro basta il diploma di scuola superiore.	☐	☐	☐	☐	☐	☐
5 Questo lavoro include anche i fine settimana.	☐	☐	☐	☐	☐	☐

E 1

2 ASCOLTARE Cosa farai dopo la maturità?
Completa il fumetto con le parole della lista. Poi ascolta e controlla.

24

corso | stage | facoltà | part time | progetto | stipendio | università | esperienza

AULA II B

Ciao, stiamo facendo un video per il nostro liceo. Il _____ si intitola "Cosa farai dopo la maturità?". Abbiamo domandato a diversi compagni che cosa faranno dopo la fine della scuola. Ecco che cosa hanno risposto.

Io andrò per un anno a Berlino, per imparare il tedesco e fare un'_____ all'estero. Ovviamente dovrò lavorare: magari cercherò un impiego _____ come cameriere. Bisogna adattarsi... E io mi adatterò. Poi dopo un anno farò un bilancio e capirò se tornare in Italia o no.

Io mi iscriverò all'università. Ancora non so a quale _____ di preciso: forse scienze informatiche, o ingegneria elettronica. Sicuramente i miei genitori vorranno decidere al posto mio, so già che discuteremo!

Io continuerò a suonare, con il gruppo andremo a fare concerti in giro per l'Europa. Ancora non so se avrò voglia di andare all'_____. Di sicuro i miei insisteranno!

Cosa farò da grande

> **Bisogna** è un verbo impersonale.
> bisogna adattarsi = è necessario adattarsi

Nel fumetto c'è una nuova forma verbale: rileggi e <u>sottolinea</u> i 19 verbi coniugati al futuro.
Adesso completa lo schema **1** con le desinenze verbali mancanti; il **2** con la prima persona singolare.

	1. futuro regolare	
(io)		
(tu)	continuer insister / discuter seguir	-ai
(lui, lei, Lei)		-à
(noi)		
(voi)		-ete
(loro)		

2. futuro irregolare	
andare →	_____
avere →	_____
dovere →	_____
essere →	_____
fare →	_____
vedere →	vedrò
volere →	vorrò

E 2
E 3

3 ESERCIZIO Progetti
Federico ha le idee chiare sul suo futuro, ma i suoi genitori hanno progetti molto diversi. Leggi i vari progetti e forma frasi al futuro.

i progetti di Federico
• trasferirsi all'estero • andare ad abitare con amici
• frequentare un corso di teatro • fare l'attore teatrale

Federico racconta:
In futuro (io)...

i progetti dei suoi genitori
• non cambiare città • abitare con la sua famiglia • iscriversi a medicina
• fare il medico

I genitori raccontano:
In futuro Federico...

E 4

4 PARLARE Come vedo il mio futuro
E tu che progetti hai per il tuo futuro? Che cosa farai dopo la maturità? Andrai all'università? Che facoltà frequenterai? Che lavoro farai? Dove e con chi abiterai? Quali Paesi visiterai? Avrai una famiglia? Come sarai tra dieci anni secondo te? Spiega a un compagno che cosa farai quando sarai più grande. Puoi usare le domande precedenti come ispirazione, o pensare anche ad altre cose.

Cosa farò da grande

5 LEGGERE La lettera di presentazione

Un ragazzo invia una mail per rispondere all'annuncio **B** di pagina 105. Leggi il testo e ricostruisci la sua lettera di presentazione nello schema a destra, come negli esempi.

a ⊠ La invito a leggere il curriculum vitae allegato e resto a Sua disposizione via e-mail per un eventuale colloquio. Sarò inoltre felicissimo di rispondere ad altre richieste di informazioni sul mio profilo.

b Cordiali saluti, Umberto Ricci

c Da circa un anno faccio spesso lezioni private a ragazzi più giovani che vivono nel mio quartiere, con risultati eccellenti. I miei studenti hanno sempre superato l'anno scolastico con successo.

d ⊠ Oggetto: candidatura per posizione di insegnante

e La contatto perché ho letto sul sito www.indeed.it che la Vostra azienda sta cercando giovani per lezioni private in alcune materie a studenti della scuola media inferiore.

f Frequento il quarto anno del liceo classico "Torquato Tasso" di Salerno e ho ottimi voti in tutte le materie, in particolare in quelle scientifiche (matematica, fisica, chimica e biologia). Nutro inoltre un interesse fortissimo per le lingue straniere (parlo inglese e ho appena iniziato a frequentare un corso di cinese).

g Gentile Dottoressa Mariani,

h Vorrei portare avanti questa attività con la Vostra azienda e acquisire più esperienza nel settore dell'insegnamento. Spero infatti, dopo l'università, di esercitare questa bellissima professione.

adattato da www.letterapresentazione.eu

tema generale della mail:	d
formula di saluto iniziale:	___
come ho saputo dell'annuncio:	___
che cosa studio e che cosa mi piace:	___
la mia esperienza professionale:	___
perché mi candido:	___
come possiamo restare in contatto:	a
formula di saluto finale:	___

Adesso leggi le tre frasi tratte dalla lettera e seleziona il significato degli aggettivi **evidenziati**.

1 Sarò inoltre **felicissimo** di rispondere ad altre richieste di informazioni sul mio profilo.

2 Nutro inoltre un interesse **fortissimo** per le lingue straniere.

3 Spero infatti, dopo l'università, di esercitare questa **bellissima** professione.

a abbastanza **b** molto
felice / forte / bella

> **il superlativo assoluto (aggettivi)**
> bello + issimo / issima / issimi / issime
> buonissimo = ottimo

E 5

LEZIONE 7

Cosa farò da grande

6 PARLARE Cose superlative!
Completa la lista: devi trasformare l'aggettivo e indicare una cosa a piacere, come nell'esempio.

> un Paese bello → un Paese bell**issimo** _La Tailandia_

una facoltà difficile → _____ _____
una facoltà facile → _____ _____
un lavoro interessante → _____ _____
un lavoro noioso → _____ _____
una lingua straniera bella → _____ _____
una lingua straniera brutta → _____ _____
una città divertente → _____ _____
una città triste → _____ _____

Adesso confrontati con un compagno e spiega perché secondo te le cose che hai indicato sono molto belle, molto noiose, ecc.

7 SCRIVERE Gentile Dottor...
Vuoi rispondere all'annuncio F di pagina 105. Scrivi una mail per spiegare dove hai letto l'annuncio, perché ti candidi, che tipo di esperienza hai, che cosa studi, che cosa ti piace. Se non hai esperienza, non importa: anche i tuoi passatempi possono essere utili. Il tuo profilo deve sembrare interessantissimo! Il referente del bar si chiama Sergio Nutini.

8 ASCOLTARE Un colloquio di lavoro 25
Ascolterai un colloquio di lavoro tra una giovane donna e un ragazzo, Loris, che si candida per la posizione descritta nell'annuncio E di pagina 105. Qual è il curriculum vitae di Loris?

Dati personali
Loris Miglio
Età: 18 anni
Indirizzo: Via Mentana 60, 53100 Siena
Telefono: 0577 552627 - E-mail: lo.miglio@yahoo.it
automunito

Formazione
Studente all'ultimo anno presso l'Istituto tecnico "Sarrocchi", Indirizzo Informatica e Telecomunicazioni (media generale: 8)

Esperienza professionale
Azienda: "Sistemi Logici", Siena
Mansione: Programmatore Junior (1 anno)

Lingue straniere
Inglese: conoscenza base

Altri interessi: chimica

Lettera di referenze allegata.

Dati personali
Loris Miglio
Età: 18 anni
Indirizzo: Via Mentana 60, 53100, Siena
Telefono: 0577 552627 - E-mail: lo.miglio@yahoo.it
motomunito

Formazione
Istituto tecnico "Sarrocchi": diploma di maturità, Indirizzo Informatica e Telecomunicazioni (punteggio: 100/100)

Esperienza professionale
Azienda: "Sistemi Logici", Siena
Mansione: Stagista Programmatore (6 mesi)

Altri interessi: chimica

Lettera di referenze allegata.

Cosa farò da grande

Adesso riascolta il colloquio e completa le frasi. Poi leggi la trascrizione sotto e controlla le tue risposte.

1. Ci hai inviato il tuo curriculum per la _____ di Programmatore Junior.
2. Vedo che hai preso il diploma con il _____ dei _____.
3. Dopo la maturità ho fatto uno stage in _____.
4. Sai che proponiamo un _____ a tempo determinato, vero?
5. Vorrei acquisire ancora un po' di esperienza e capire se questo _____ mi interessa davvero.
6. Posso chiedere qual è lo _____?
7. Devo fare dei calcoli in base al tuo _____.
8. Comunque vedremo anche altri _____.

Selezionatrice: Salve!
Loris: Buongiorno.
Selezionatrice: Prego, prego. Allora… Vediamo… Innanzi tutto: possiamo darci del tu?
Loris: Certo.
Selezionatrice: Bene. Ci hai inviato il tuo curriculum per la posizione di Programmatore Junior… Sei giovanissimo!
Loris: Sì. Mi sono diplomato sei mesi fa in Informatica e Telecomunicazioni.
Selezionatrice: Bene. E vedo che hai preso il diploma con il massimo dei voti. Bravissimo. Hai anche un po' di esperienza sul campo, no?
Loris: Sì, dopo la maturità ho fatto uno stage in azienda. Ho sviluppato una piattaforma internet con altri stagisti. Al curriculum ho allegato una lettera di referenze del mio ex responsabile.
Selezionatrice: Sì, sì, eccola… Ottimo!… Sai che proponiamo un contratto a tempo determinato, vero?
Loris: Sì, ma va bene, perché vorrei acquisire ancora un po' di esperienza e capire se questo settore mi interessa davvero, in ogni caso tra un anno mi iscriverò all'università.
Selezionatrice: A quale facoltà?
Loris: A Informatica, o se deciderò di cambiare strada, a Chimica.

Selezionatrice: Bene, quindi per un anno intero sarai libero da impegni universitari… Nel curriculum non hai scritto niente sulle lingue straniere. Il tuo inglese com'è?
Loris: Eh… Non buonissimo, ho un livello scolastico.
Selezionatrice: Hm. L'inglese qui non è fondamentale, ma può servire… Ah, ti comunico che tra poche settimane cambieremo ufficio.
Loris: Sì, l'ho saputo dalla segretaria, ma abito vicino alla nuova sede, con la moto per arrivare lì ci metto massimo mezz'ora.
Selezionatrice: Perfetto. C'è qualcosa che vuoi sapere tu? Hai qualche domanda?
Loris: Sì, eh… Vorrei sapere quando bisogna cominciare di preciso.
Selezionatrice: Tra dieci giorni.
Loris: E posso chiedere qual è lo stipendio?
Selezionatrice: Certo, devo fare dei calcoli in base al tuo profilo. Ti dico subito che non sarà altissimo perché non hai molta esperienza, e comunque vedremo anche altri candidati. La prossima settimana ti daremo una risposta ed eventualmente ti faremo una proposta economica, che sarà comunque interessante, va bene?
Loris: Perfetto.

---

metterci
Per arrivare a scuola con l'autobus **ci metto** 20 minuti. (= ho bisogno di 20 minuti)

Cosa farò da grande

Adesso cerca nel dialogo alla pagina precedente le espressioni che corrispondono alle definizioni sotto, come nell'esempio.

1 esperienza concreta, diretta: _____

2 inviare un documento insieme ad altra documentazione o a una mail: __allegare__

3 lettera che dà informazioni sulle capacità professionali di un candidato: _____

4 capo, direttore: _____

5 indirizzo legale: _____   E 6

9 PARLARE Una selezione di lavoro
Leggi il seguente annuncio di lavoro.

> OmniSport, storico negozio di abbigliamento sportivo, cerca giovani **commessi** anche alla prima esperienza di lavoro.
> Il candidato ideale è motivato, dinamico, ha una conoscenza base della lingua inglese (o di un'altra lingua straniera) ed è disposto a lavorare il sabato.
> Tempo determinato part time (pomeriggio). Giorno di riposo: lunedì.

La classe si divide in due gruppi: studenti A e studenti B. Ognuno legge le sue istruzioni. Quando avete finito di prepararvi, formate delle coppie studente A + studente B e iniziate il dialogo.

studente A
Sei un giovane commesso e lavori da due anni da OmniSport. Il tuo compito è selezionare il candidato ideale per la posizione sopra.
Oggi dovrai intervistare un ragazzo / una ragazza. Prepara delle domande per il colloquio, per esempio: hai esperienza professionale? Che studi hai fatto? Quando puoi iniziare a lavorare? Sai lavorare in gruppo?
Devi ottenere informazioni dettagliate sul profilo del candidato e capire se va bene per il lavoro.

studente B
Hai risposto all'annuncio di OmniSport e hai inviato il tuo CV alla direzione. Ti hanno chiamato per un colloquio. Incontrerai il selezionatore e dovrai rispondere alle sue domande.
Prima del colloquio fai una sintesi del tuo profilo: la tua formazione, la tua eventuale esperienza professionale, le lingue che parli, le tue conoscenze informatiche, ecc. Se non hai esperienza, non importa: durante il colloquio evidenzia i tuoi interessi, i corsi extrascolastici che hai frequentato, i tuoi progetti, ecc.

10 LEGGERE Cercare lavoro
Il testo alla pagina successiva indica alcune strategie per cercare lavoro.
Prima di leggere rispondi alla domanda: secondo te quali sono gli strumenti ideali per trovare un impiego?

siti di aziende ☐   giornali specializzati ☐   social network specializzati (come LinkedIn) ☐

siti di annunci di lavoro ☐   siti di annunci di stage ☐   centri per l'impiego (pubblici) ☐

altro: _____

Cosa farò da grande

Adesso leggi l'articolo, poi rispondi: quali degli strumenti della lista a pagina 111 sono presenti nel testo? C'è una risorsa in più: qual è?

Cercare lavoro: risorse per avere successo
Come si cerca lavoro? Come si contattano le aziende? Ecco alcuni consigli.

Dove cercare
È utilissimo fare una lista di aziende che propongono lavoro o stage in un settore legato agli studi del candidato. Ormai per questo tipo di ricerche si usa internet: se, per esempio, si frequenta un liceo linguistico, basta googlare "agenzie di traduzione" e cercare la sezione "contatti" con i siti delle varie aziende.
Sul web è possibile anche consultare numerosi siti dedicati al lavoro, con moltissime offerte divise per settore.

Perché fare uno stage
Fare uno stage permette di imparare una professione (ma spesso si riceve un semplice rimborso spese, non un vero stipendio) e di capire come funziona il mondo del lavoro. A volte, dopo questo periodo di prova, le aziende propongono un contratto. In caso contrario si può comunque usare questa esperienza per arricchire il CV.

Le agenzie interinali
Queste agenzie cercano candidati per conto di altre aziende e offrono generalmente lavoro temporaneo. Ne esistono numerose in tutte le regioni (basta andare sul sito del Ministero del Lavoro e cercare la lista delle loro sedi).

Come contattare le aziende
Il percorso è standard, sia per le autocandidature che per le risposte a un annuncio specifico: si invia una lettera di presentazione - ormai quasi esclusivamente via mail -, si allega un CV e un'eventuale lettera di referenze. L'importante è stimolare la curiosità: le aziende ricevono moltissime candidature, bisogna saper attirare l'attenzione!

adattato da www.studenti.it

Adesso osserva queste frasi estratte dall'articolo, rispondi alle domande e completa la regola.

Come **si cerca** lavoro?
Come **si contattano** le aziende?

Si riceve un semplice rimborso spese.
Si invia una lettera di presentazione.

1 Che cosa indica la struttura *si* + verbo alla terza persona?
   a Un'azione riferita a tutti in generale.   **b** Un'azione riferita a una persona.

2 Perché nella seconda frase il verbo è alla terza persona plurale?
_____

ESERCIZIO La forma impersonale
Completa le frasi con il "si" impersonale e coniuga i verbi tra parentesi alla terza persona singolare o plurale, come nell'esempio.

1. Sui siti specializzati (*trovare*) ___si trovano___ vari annunci di lavoro.
2. Per trovare lavoro ormai (*usare*) _____ risorse online.
3. In generale a inizio carriera (*prendere*) _____ uno stipendio basso.
4. Spesso (*entrare*) _____ nel mondo del lavoro attraverso uno stage.
5. Normalmente prima di trovare un impiego (*fare*) _____ diversi colloqui.
6. Per attirare l'attenzione (*dovere*) _____ scrivere una lettera di presentazione interessante.

E 7

Cosa farò da grande

12 PARLARE Requisiti per trovare lavoro
Secondo te oggi quali requisiti si devono avere per trovare lavoro? Parlane con un compagno. Potete usare le espressioni della lista e seguire il modello.

> Oggi **bisogna** avere un curriculum interessante.
> = Oggi **si deve** avere un curriculum interessante.

- essere flessibili
- avere buone conoscenze informatiche
- essere creativi
- avere una macchina
- conoscere bene l'inglese
- essere capaci di lavorare in gruppo

13 ASCOLTARE Perché si va all'estero 🔊 26
Molti giovani italiani si trasferiscono all'estero. Perché? Ascolta il reportage e seleziona i fenomeni che motivano questa tendenza.

Problemi per i giovani che cercano lavoro (in Italia)

- crisi economica / disoccupazione ☐
- poca multiculturalità ☐
- stipendi bassi ☐
- qualità della vita bassa ☐
- lavoro precario ☐
- discriminazione verso le donne ☐

Adesso riascolta e seleziona l'opzione esatta.

1. Nei prossimi anni i giovani
   - a continueranno ad andare all'estero.
   - b non andranno più all'estero.
2. Si scelgono alcuni Paesi
   - a perché lì si parla inglese.
   - b perché lì si trova lavoro.
3. All'inizio la ragazza era triste perché
   - a si sentiva sola.
   - b non trovava lavoro.
4. La ragazza è critica
   - a verso le aziende inglesi.
   - b verso le aziende italiane.
5. Il ragazzo è partito dall'Italia
   - a con molta esperienza professionale.
   - b con poca esperienza professionale.
6. Per il ragazzo in Italia fare carriera
   - a è facilissimo.
   - b è difficilissimo.

A te va di fare un'esperienza all'estero? Perché sì o perché no? Parlane con un compagno.

14 PROGETTO Giovani e lavoro
a. Leggi il breve testo pubblicato sul sito www.impiego.eu.

> **I giovani confusi sul lavoro**
> Secondo l'istituto di ricerca Carlo Cattaneo, circa il 40% degli studenti della scuola superiore non sa che lavoro farà. Tra i lavori ideali emerge un dato sorprendente: i giovani italiani preferiscono i classici impieghi d'ufficio.
> Ecco la classifica:
> 1. impiego pubblico (per es. in biblioteca),
> 2. negoziante, 3. impiegato di banca, 4. postino,
> 5. panettiere

b. Lavora con almeno tre compagni. Girate per la scuola e chiedete a vari studenti: che cosa faranno dopo la maturità? Qual è il loro lavoro ideale? Attenzione: ogni gruppo si concentra su una fascia di età (il primo gruppo intervista i ragazzi del primo anno, il secondo i ragazzi del secondo, ecc.).
c. Riportate i risultati in classe e alla fine fate un cartellone con le statistiche e le classifiche suddivise per fascia di età. Le idee cambiano o diventano più chiare verso la fine della scuola?

E 8
E 9

GRAMMATICA 7

GRAMMATICA

1 Il verbo impersonale *bisogna*

La costruzione *bisogna* + infinito esprime una necessità. Quando dopo l'infinito c'è un aggettivo, quest'ultimo va al plurale: *Per trovare lavoro all'estero **bisogna** conoscere l'inglese ed essere flessibili.*

2 Il futuro semplice

	verbi regolari			verbi irregolari			
	abitare*	prendere	finire	bere	essere	venire	volere
(io)	abit**erò**	prend**erò**	fin**irò**	berrò	sarò	verrò	vorrò
(tu)	abit**erai**	prend**erai**	fin**irai**	berrai	sarai	verrai	vorrai
(lui, lei, Lei)	abit**erà**	prend**erà**	fin**irà**	berrà	sarà	verrà	vorrà
(noi)	abit**eremo**	prend**eremo**	fin**iremo**	berremo	saremo	verremo	vorremo
(voi)	abit**erete**	prend**erete**	fin**irete**	berrete	sarete	verrete	vorrete
(loro)	abit**eranno**	prend**eranno**	fin**iranno**	berranno	saranno	verranno	vorranno

*La *-a* della desinenza diventa *-e*; fanno eccezione i verbi: *dare* → *darò*, *fare* → *farò*, *stare* → *starò*.

Nei verbi in *-care / -gare* si inserisce una h: *cercare* → *cercherò*, *giocare* → *giocherò*, *pagare* → *pagherò*.
I verbi in *-ciare / -giare* perdono la *i*: *cominciare* → *comincerò*, *mangiare* → *mangerò*.
Alcuni verbi perdono la vocale della desinenza dell'infinito: *avere* → *avrò*, *andare* → *andrò*, *dovere* → *dovrò*, *potere* → *potrò*, *sapere* → *saprò*, *vedere* → *vedrò*, *vivere* → *vivrò*.

Il futuro indica progetti ed eventi futuri: *Dopo la maturità **andrò** all'università.*, *L'estate prossima **faremo** un lungo viaggio in Sudamerica.*, ***Verranno** Aldo e Nina alla festa sabato.*

3 Il superlativo assoluto

Il superlativo assoluto indica il grado massimo di una qualità.
Si forma in due modi: *molto* + aggettivo, oppure aggettivo + *-issimo/a/i/e*.

maschile		femminile	
molto bello = bell**issimo**	**molto** belli = bell**issimi**	**molto** bella = bell**issima**	**molto** belle = bell**issime**
molto grande = grand**issimo**	**molto** grandi = grand**issimi**	**molto** grande = grand**issima**	**molto** grandi = grand**issime**

4 La costruzione impersonale

La costruzione impersonale si forma con *si* + verbo. Se il nome che segue è singolare, il verbo è alla terza persona singolare; se il nome è plurale, il verbo va alla terza persona plurale: *Ormai **si cerca lavoro** quasi solo via internet.*, *Di solito alla lettera di presentazione **si allega un CV**.*, *Prima di trovare lavoro **si fanno diversi colloqui**.*

Quando si usa il verbo *essere* con un aggettivo, quest'ultimo è al plurale: *Quando **si è stanchi**, è impossibile studiare.*

PER COMUNICARE

capire un annuncio di lavoro

"Requisiti: ottima conoscenza della lingua inglese."
"Disponibilità a lavorare nel weekend."
"Esperienza non necessaria."

indicare progetti futuri

Tra dieci anni vivremo in un'altra città.
Proverò a cercare uno stage.
Studierà letteratura all'università.

descrivere il proprio percorso formativo

Mi sono diplomato sei mesi fa.
Dopo la maturità ho fatto uno stage in azienda.
Il mio inglese è scolastico.

CIVILTÀ 7 — Studenti italiani all'estero

Leggi l'articolo.

Studenti "giramondo"

Arianna studia a Baltimora, nel Maryland, Stati Uniti. Lorenzo è appena tornato dal Brasile, dopo un anno in un istituto tecnologico nella periferia di San Paolo.
Gli adolescenti italiani hanno voglia di sentirsi cittadini del mondo, migliorare la loro formazione, conoscere stili di vita diversi e ragazzi di altri Paesi. Alcuni partono e molti altri lo faranno in futuro, con il sostegno delle loro famiglie. Come Arianna e Lorenzo.

Arianna ama la sua città, Ravenna. Ma aveva bisogno di esplorare il mondo, imparare altre lingue, confrontarsi con culture diverse. Da qualche mese vive a casa di una famiglia americana a Baltimora negli Stati Uniti, dove frequenta la scuola superiore.

Perché gli USA?
Perché volevo andare in un Paese di cui conoscevo la lingua.

Come ti sembrano i professori?
Simpatici, gentili, sempre pronti ad aiutare gli studenti.

Com'è la tua nuova famiglia?
I genitori danno molta libertà ai figli in tutti i campi, dalla politica ai passatempi.

In Brasile Lorenzo, liceale napoletano, ha trovato una famiglia accogliente e una scuola all'avanguardia.

Che cosa ti ha dato l'esperienza a San Paolo?
Ho imparato a usare vari strumenti digitali e a fare video: nella mia scuola molti insegnanti erano esperti di nuove tecnologie.

Quali sono le differenze tra la tua scuola in Italia e quella a San Paolo?
Lì frequentavo lezioni che non esistono nei licei italiani, come quella di capoeira o di sociologia.

Studiare in una lingua diversa è stato difficile?
Non molto, il portoghese non è così difficile per noi italiani, non ci ho messo molto a impararlo. Ovviamente praticarlo tutti i giorni e non parlare mai italiano mi ha aiutato. Conoscere una lingua nuova mi è servito a diventare più flessibile.

Destinazioni principali degli studenti della scuola superiore che vanno a studiare per un periodo all'estero

1. Irlanda
2. Cina
3. Argentina
4. Finlandia
5. Canada
6. Australia
7. Thailandia
8. Danimarca
9. Russia
10. Stati Uniti

adattato dal Corriere della Sera

Rileggi il testo, unisci le parti di destra e sinistra e forma frasi logiche.

1. Arianna ha scelto gli USA
2. L'esperienza di Lorenzo in Brasile
3. Ad Arianna piacciono
4. In futuro ci saranno più ragazzi italiani
5. Agli adolescenti italiani piace l'idea
6. Lorenzo ha studiato materie

a. che non esistono nei programmi scolastici italiani.
b. di passare un periodo all'estero.
c. perché conosce l'inglese.
d. è finita.
e. i suoi insegnanti americani.
f. che andranno a studiare all'estero.

Per te studiare per un periodo all'estero quali vantaggi / svantaggi ha? Parlane con un compagno. Potete usare gli elementi della lista come riferimento.

- studiare in una lingua straniera
- essere lontani dalla famiglia
- mangiare cibo diverso
- avere nuovi compagni di classe
- studiare materie diverse
- vivere con una famiglia ospite

BILANCIO 7

Comunicazione

Indica con il simbolo ✓ che cosa sai fare in italiano. Poi completa lo schema con le espressioni della lista.

	sì 😊	così così 😐	no ☹	frase numero
capire annunci di lavoro				
descrivere progetti futuri				
indicare una condizione necessaria				
scrivere una breve lettera di presentazione				
chiedere informazioni durante un colloquio di lavoro				

1. Posso chiedere qual è lo stipendio?

2. Per lavorare bisogna essere formati.

3. "Infermiere con esperienza, contratto a tempo determinato".

4. Gentile Dottoressa...

5. Tra dieci anni avrò una famiglia.

Grammatica e lessico

Scrivi accanto a ogni infinito la forma coniugata al futuro, come nell'esempio.

(noi) fare → **faremo**

1 (io) avere → _____
2 (noi) andare → _____
3 (tu) cercare → _____
4 (loro) dovere → _____
5 (lei) essere → _____
6 (voi) lavorare → _____
7 (lui) partire → _____
8 (loro) scrivere → _____

Abbina le sezioni del CV ai titoli della lista corrispondenti.

> dati personali | formazione | esperienza professionale | lingue straniere | altri interessi | allegati

_____

inglese: ottima conoscenza (B2)

_____

2010: Liceo classico artistico musicale: diploma di maturità, specializzazione in violino

2015: Diploma in interpretazione (violino) presso l'Istituto Musicale della Valle d'Aosta

_____

2010 - 2014: lavoro di segreteria presso l'Accademia di musica moderna, Aosta

Dal 2014: violoncellista presso l'Orchestre d'Harmonie du Val d'Aoste

_____

Lettera di referenze.

_____

Sami Foscolo
Nato ad Aosta il 4 ottobre 1992
Indirizzo: Via Torino 16, 11100 Aosta
Telefono: 0165 43583
E-mail: sami.fo@hotmail.com
automunito

_____

trekking, letteratura americana

Abilità: leggere

Leggi l'articolo e indica nello schema sotto se le informazioni sono vere, false, o non presenti.

Quando si prepara un CV, bisogna fare attenzione a non scrivere troppo. Infatti la persona che leggerà il curriculum dovrà capire se il candidato ha il profilo ideale in un paio due minuti (a volte in pochi secondi!). Bisogna quindi scegliere i dati e le informazioni davvero utili e importanti: così il selezionatore potrà avere una visione completa del candidato in brevissimo tempo. In poche parole: il CV non deve superare le due pagine.
Allo stesso tempo, non bisogna assolutamente dimenticare alcune informazioni importanti, come i dati personali, la durata di un lavoro passato, o di un corso di formazione, o eventuali risultati positivi ottenuti fino a oggi (per esempio il voto della maturità, se è alto). La formazione e le esperienze professionali si scrivono in ordine cronologico, ma si può fare anche il contrario, cioè cominciare dalle esperienze recentissime. Per i lavori è importante menzionare, sempre in modo sintetico, il nome dell'azienda, il settore di specializzazione e il tipo di mansione.

Alla fine si aggiungono generalmente le lingue straniere (meglio non mentire: se si scrive "inglese buonissimo", probabilmente una parte del colloquio di lavoro sarà in questa lingua!), le conoscenze informatiche (da quelle generiche a quelle specifiche) e gli interessi personali, soprattutto se rivelano aspetti della personalità potenzialmente interessanti per l'azienda.

adattato da www.studentville.it

		vero	falso	non presente nel testo
1	I selezionatori hanno molto tempo per leggere i CV.	☐	☐	☐
2	Il CV deve essere lungo una o due pagine.	☐	☐	☐
3	I selezionatori amano i CV con una presentazione grafica complessa.	☐	☐	☐
4	È meglio indicare sempre il voto dell'esame di maturità.	☐	☐	☐
5	Le esperienze professionali si possono indicare o nell'ordine "più recente → meno recente" o nell'ordine "meno recente → più recente".	☐	☐	☐
6	Non serve specificare per quanto tempo hai lavorato per un'azienda.	☐	☐	☐
7	Bisogna essere onesti quando si indicano le conoscenze linguistiche.	☐	☐	☐
8	I selezionatori chiedono spesso ai candidati di fare un test di informatica.	☐	☐	☐

VOCABOLARIO ESPRESSO 7

contratto a tempo determinato

contratto a tempo indeterminato

stipendio

stage

partecipare

frequentare un corso

curriculum vitae

colloquio di lavoro

allegato

azienda

esperienza professionale

motivato

formazione

annuncio

candidato

lavoro precario

periferia

disoccupazione

crisi

tendenza

migliorare

bisogna…

LEZIONE 8 — Casa dolce casa

Grammatica
- appartamenti, ambienti della casa e arredamento
- l'aggettivo *bello*
- il condizionale presente
- il superlativo relativo

Comunicazione
- Che bell'appartamento!
- Questo è un quartiere ben collegato.
- Non abiterei mai in una zona isolata.
- Magari!
- Sarebbe la soluzione migliore.

1 LEGGERE Annunci immobiliari

Leggi gli annunci immobiliari di appartamenti o stanze in affitto nel quartiere universitario di Roma, San Lorenzo. Poi abbinali all'immagine corrispondente.

a
Si affitta un **posto letto** a ragazzo / ragazza in camera doppia. La camera è ammobiliata e ha un bagno privato. 270 euro al mese (connessione internet inclusa). ☐

b
Affitto **stanza singola** non ammobiliata in bilocale al piano terra. La casa si compone di un corridoio, due camere da letto, una cucina attrezzata, un bagno, due balconi. Ideale per studenti. 450 euro. ☐

c
Affittasi **appartamento** ammobiliato di 100 metri quadrati con terrazzo, in zona universitaria e ben collegata da metro e autobus. L'appartamento è composto da un ingresso, due camere matrimoniali, una cameretta, un soggiorno, doppi servizi, una cucina non attrezzata. 1200 euro (spese di agenzia escluse). ☐

d
Libero da subito: **monolocale** non ammobiliato al primo piano in palazzina d'epoca. Angolo cottura attrezzato, balcone. 550 euro, spese incluse (luce, acqua, gas, riscaldamento, condominio). ☐

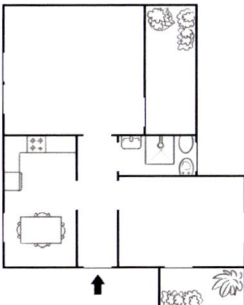

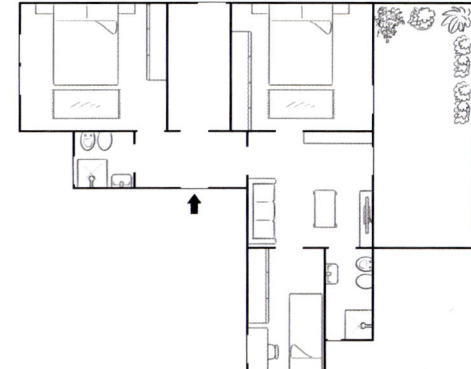

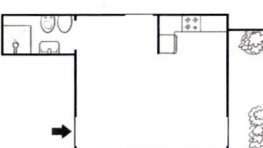

Casa dolce casa

Italo informa

case e affitti
Gli affitti sono altissimi a Milano, Roma e Firenze; molto bassi invece in diverse città del sud.

la lingua degli annunci
affittasi = si affitta
vendesi = si vende

Rileggi gli annunci alla pagina precedente e abbina gli ambienti della casa alla loro funzione.

bagno   corridoio   camera da letto   cucina   balcone   soggiorno

Di solito in questo ambiente:

1. _____ si dorme
2. _____ si mangia
3. _____ si legge e si guarda la televisione
4. _____ si fa la doccia
5. _____ si tengono le piante
6. _____ si passa per andare nelle altre stanze

Rileggi gli annunci e abbina le espressioni al loro significato, come negli esempi.

a. posto letto — vicino a molti mezzi di trasporto
b. ammobiliato — piccolo spazio per cucinare
c. bilocale — due bagni
d. piano terra — un letto in una camera con altri letti
e. attrezzato — camera piccola per bambini o ospiti
f. monolocale — con mobili
g. angolo cottura — casa di due stanze
h. condominio — con elettrodomestici (per es. frigo)
i. ben collegato → livello strada
l. cameretta — casa di una sola stanza
m. doppi servizi → spese di gestione di un palazzo

Immagina di dover frequentare l'università a Roma. Cerchi una sistemazione (da solo o con altri ragazzi, come preferisci): quale annuncio ti sembra più interessante? Perché? Parlane con un compagno.

E 1

2 ASCOLTARE Che bell'appartamento! 🔊 27

I cinque protagonisti sono a casa di Marco. Ascolta e indica le caratteristiche del suo appartamento e del suo quartiere.

1 L'appartamento è:
luminoso ☐   enorme ☐   brutto ☐
rumoroso ☐   bello ☐   piccolo ☐
caro ☐   economico ☐   silenzioso ☐

2 Il quartiere è:
scomodo ☐   centrale ☐   brutto ☐
caro ☐   mal collegato ☐   bello ☐
pratico ☐   isolato ☐   ben collegato ☐

LEZIONE 8

Casa dolce casa

Adesso leggi il fumetto e controlla le tue risposte.

Casa dolce casa

> **bello + nome**
> bell'appartamento   begli appartamenti
> bello sport   begli sport
> bel palazzo   bei palazzi
> bell'amica   belle amiche
> bella zona   belle zone

Nel fumetto a pagina 121 c'è una nuova forma verbale: rileggilo e <u>sottolinea</u> i verbi coniugati al condizionale presente (sono 11 in tutto).

Adesso completa lo schema a destra con le desinenze verbali mancanti.

Poi rispondi alla domanda: i verbi della prima coniugazione si comportano in modo particolare; in quale altra occasione hai notato la stessa particolarità?

	condizionale presente regolare	
(io)	abiter prender dormir	
(tu)		-esti
(lui, lei, Lei)		-ebbe
(noi)		-emmo
(voi)		
(loro)		-ebbero

Adesso completa lo schema sotto con i verbi al condizionale irregolare presenti nel fumetto e il loro infinito, come nell'esempio. Poi lavora con un compagno: provate a ripetere la coniugazione irregolare completa di ciascun verbo (ogni studente ripete un verbo).

infinito (in ordine alfabetico)	forma irregolare presente nel fumetto
_____	_____
_____	_____
essere	sarebbe
_____	_____
_____	_____

*Infine rileggi queste frasi estratte dal fumetto, osserva il verbo al condizionale **evidenziato** e abbinalo alla funzione corrispondente.*

1. Che bell'appartamento... **Vorrei** averne uno così! ☐
2. **Non abiterei** mai in una zona isolata. ☐
3. **Potremmo** andare a vivere tutti insieme! ☐
4. Al posto tuo **andrei** a vivere con amici molto più ricchi! ☐
5. Amici veri, **potreste** difendermi? ☐

a	dare consigli	d	chiedere qualcosa gentilmente
b	fare ipotesi	e	fare proposte
c	esprimere desideri		

E 2
E 3
E 4

Casa dolce casa

3 PARLARE Che cosa faresti?
Lavora con un compagno. A turno uno di voi sceglie un paragrafo e racconta che cosa farebbe nella situazione selezionata. Il compagno aggiunge che cosa farebbe lui nella stessa situazione. Seguite il modello.

> **Situazione:** Devi andare a scuola, ma la metropolitana non funziona.
> ■ Andrei in autobus, o a piedi.
> ▼ Al posto tuo io prenderei la bici.

E 5

1	Abiti con degli amici: il proprietario di casa ha aumentato l'affitto all'improvviso.	**4**	Hai una fame terribile, ma il frigorifero è vuoto.
2	Cerchi una stanza singola in una residenza universitaria, ma sono disponibili solo camere doppie.	**5**	Vorresti avere un gatto, ma nel tuo condominio sono contrari agli animali.
3	Vuoi fare una festa, ma al piano di sotto abita una signora anziana a cui dà fastidio la musica.	**6**	I tuoi vicini litigano a voce alta dalla mattina alla sera e per te è impossibile studiare.

4 LEGGERE Una nuova casa
Riccardo e Giuliano, due fratelli, hanno appena cambiato casa. Ognuno di loro scrive un lungo messaggio a un cugino, Pier Paolo. Leggi i due messaggi.

Riccardo
Caro cugino, qui va tutto male. L'appartamento in cui ci siamo trasferiti è molto più scomodo della vecchia casa. È su tre piani. Al piano terra c'è il soggiorno e una cucina vecchia e umida dove non funziona niente. La mia stanza, buia (la finestra è minuscola e la luce non entra), è al primo piano: ogni volta che voglio mangiare qualcosa devo andare giù! Poi è accanto a quella dei miei, praticamente non ho privacy! Invece a mio fratello hanno dato la camera grande nella mansarda all'ultimo piano, dove può fare i comodi suoi. Ha persino un bagno suo, io invece devo dividere quello vicino alla stanza dei miei! Poi il quartiere non mi piace per niente, è troppo isolato… Siamo nel bel mezzo del nulla! Ma non basta: abbiamo dei vicini odiosi che non sopportano la musica, devo ascoltarla con le cuffie! Tra due settimane io e Giuliano vorremmo fare una festa per il mio sedicesimo e il suo diciottesimo compleanno: come facciamo? In sintesi: mi manca troppo la casa di prima. Che depressione.

Giuliano
Ciao PP, sono strafelice! Adoro la nuova casa. I miei dicono che è un appartamento caro, e si vede: io ho una mansarda stupenda che dà su un terrazzo enorme. Dalla mia stanza vedo solo verde (la palazzina è accanto a un parco). Anche la stanza dei miei ha un bel balcone, solo quella di mio fratello ha una finestra (ma lui dice che della casa non gli importa). È la prima volta che abito in un appartamento nuovo: è comodo e tutto funziona alla perfezione. Il quartiere è fantastico, tranquillo e silenzioso. Svegliarsi con gli uccellini è molto più bello che sentire il traffico di prima mattina! Poi i vicini sono molto più simpatici che nel vecchio palazzo. È una coppia di sessantenni: da quando ha scoperto che studio la tromba, la moglie mi invita spesso a suonare a casa sua. Insegna al Conservatorio, è una grande pianista. Insomma, mi trovo molto meglio che nel vecchio quartiere. Io da qui non andrei mai via! Fai un salto uno di questi giorni? Ti aspetto!

> **i numeri ordinali**
> sedic**esimo** = 16°
> diciott**esimo** = 18°

LEZIONE 8

Casa dolce casa

Italo informa

comparativo

Svegliarsi con gli uccellini è molto più bello **che** <u>sentire</u> il traffico!
I vicini sono molto più simpatici **che** <u>nel</u> vecchio palazzo.

Se il secondo termine di paragone è un verbo o un gruppo di parole preceduto da una preposizione, si usa **che**.

Adesso rileggi i due messaggi alla pagina precedente e rispondi alle domande. Attenzione: sono possibili risposte diverse e una risposta è soggettiva.

		Riccardo	Giuliano
1	Perché:	trova la nuova casa scomoda?	trova la nuova casa comoda?
2	Perché:	odia la sua stanza?	ama la sua stanza?
3	Perché:	non gli piacciono i vicini?	gli piacciono i vicini?
4	Cosa pensano i due fratelli della vecchia casa?		
5	Perché secondo te i vicini hanno un atteggiamento diverso con i due fratelli?		
6	Nei due messaggi c'è un'informazione contraddittoria: quale?		

*Alcuni aggettivi cambiano significato in funzione della loro posizione. Osserva i gruppi di parole tratti dai messaggi a pagina 123 e abbina gli aggettivi **evidenziati** al loro significato. Se necessario, rileggi i messaggi. Poi rispondi alla domanda sotto.*

| bravo/a | spazioso/a | precedente | in cattive condizioni | in buone condizioni | attuale |

Riccardo
a **vecchia** casa _____
b cucina **vecchia** _____
c camera **grande** _____

Giuliano
d **nuova** casa _____
e appartamento **nuovo** _____
f **vecchio** palazzo _____
g **grande** pianista _____

Nel testo un altro aggettivo cambia significato in funzione della posizione. Quale? _____

Come immagini la casa di Riccardo e Giuliano? Prendi un foglio, rileggi i due messaggi e disegnala. Poi confronta il tuo disegno con quello di un compagno: sono simili o diversi?   E 6 E 7

5 SCRIVERE Dovresti…

Immagina di essere Pier Paolo, il cugino di Riccardo (e Giuliano). Scrivi un messaggio a Riccardo, che sembra molto scontento, e dagli dei consigli per migliorare la sua situazione a casa. Puoi seguire il modello a pagina 125.

Casa dolce casa

Al posto tuo parlerei con i vicini / i tuoi genitori e gli direi... proverei a...
Secondo me dovresti...

6 PARLARE L'appartamento dei miei sogni

Immagina il tuo appartamento ideale. Su un foglio, disegna una piantina come a pagina 119: decidi quali sono i vari ambienti e dove si trovano, poi completa l'appartamento con i mobili.

specchio — libreria — poltrona — frigorifero — letto — armadio — comodino

cucina a gas — tavolo — water — sedia — bidet — tavolino — lampada

vasca — divano — lavandino — lavabo — cassettiera — doccia

E 8

Adesso descrivi il tuo appartamento ideale a un compagno.

7 ASCOLTARE Chiamo per l'annuncio.

Italo, il fratello di Anna, sta cercando una casa in affitto insieme alla sua ragazza, Federica. È interessato all'annuncio d. di pagina 119 e chiama per avere informazioni. Ascolta la telefonata, poi seleziona l'opzione esatta.

1 La proprietaria del monolocale vuole la garanzia dei genitori perché:
- a) non conosce Italo e la ragazza.
- b) Italo e la ragazza non lavorano.
- c) Italo e la ragazza sono troppo giovani.

2 Nel monolocale la proprietaria:
- a) lascerà due armadi.
- b) non lascerà mobili.
- c) lascerà un armadio.

3 Quanti appartamenti possiede la proprietaria?
- a) Quattro.
- b) Due.
- c) Almeno tre.

4 Italo e la proprietaria si incontreranno:
- a) sabato, ma non si sa quando.
- b) sabato pomeriggio.
- c) sabato mattina.

5 Alla fine Italo affitterà il monolocale?
- a) Sì, per quattro anni.
- b) Solo se trova mobili poco cari.
- c) Non si sa.

LEZIONE 8

Casa dolce casa

Adesso leggi la trascrizione del dialogo e controlla le tue risposte.

Proprietaria: Pronto?
Italo: Salve, chiamo per l'annuncio.
Proprietaria: Quale? Mi scusi, ho messo due annunci per due appartamenti diversi.
Italo: Eh... Quello a 550 euro al mese.
Proprietaria: Ah, ok, l'appartamento più piccolo. Il monolocale. Mi dica.
Italo: Eh... Sarei interessato, ma avrei qualche informazione da chiedere.
Proprietaria: Certo, che cosa vuole sapere?
Italo: Lei che tipo di contratto fa?
Proprietaria: Un contratto regolare di quattro anni. Cerca casa da solo?
Italo: No, siamo in due, io e la mia compagna. Vorremmo trasferirci subito.
Proprietaria: Lavorate?
Italo: No, siamo studenti.
Proprietaria: Ah. Se non avete uno stipendio devo chiedervi anche la garanzia dei vostri genitori. Mi servirebbero le loro buste paga.
Italo: Non c'è problema.... Senta, nel monolocale non c'è proprio niente, a parte la cucina attrezzata?
Proprietaria: Eh... In realtà ci sono due armadi... L'armadio più grande posso lasciarlo, ma l'altro vorrei portarlo nell'appartamento dove vivo io.
Italo: Sì, sì, per noi sarebbe la soluzione migliore, non abbiamo mobili, dobbiamo comprare tutto.
Proprietaria: Va bene. Comunque vicino alla palazzina c'è un mercato dell'usato dove vendono i mobili meno cari di Roma!
Italo: Ah, ok, daremo di sicuro un'occhiata.... Un'altra domanda: il monolocale ha un posto auto?
Proprietaria: No, ma nella strada si trova parcheggio senza problemi.
Italo: Ok. E senta, da quando sarebbe libero l'appartamento di preciso?
Proprietaria: Da adesso! Ma prima dovete visitarlo, no?
Italo: Eh, magari!
Proprietaria: Sabato mattina andrebbe bene per voi?
Italo: Eh... In realtà la mattina è il momento peggiore per me, lavoro come dog sitter.
Proprietaria: Hm. Facciamo il pomeriggio, allora.
Italo: Ecco, sì, sarebbe perfetto.
Proprietaria: Bene, allora la richiamo due o tre giorni prima per fissare un appuntamento preciso, va bene?
Italo: Perfetto, La ringrazio, ci sentiamo tra qualche giorno.
Proprietaria: Va bene, buona giornata.
Italo: Altrettanto, arrivederci.

Abbina le espressioni al loro significato, poi rileggi il dialogo e controlla.

1. A proposito...
2. Altrettanto.
3. In realtà...
4. Ci sentiamo.

a. A dire la verità...
b. La chiamo io o mi chiama Lei.
c. Anche a Lei.
d. Proprio su questo argomento...

Magari! = Sarebbe bello!

Nel dialogo compare una nuova struttura, il superlativo relativo. Rileggi i seguenti gruppi di parole e completa la regola sotto con le parole della lista.

l'appartamento più piccolo • l'armadio più grande • la soluzione migliore • i mobili meno cari

più | il più cattivo | articolo determinativo | il migliore

Il superlativo relativo si forma così: _____ (+ nome) + _____ / meno + aggettivo.
Attenzione alle forme irregolari: _____ = il più buono, il peggiore = _____

E 9
E 10

Casa dolce casa

8 PARLARE A casa tua
Rispondi alle domande, poi confrontati con un compagno e motiva le tue risposte.

A casa tua qual è:

la stanza più importante per te? _____
l'ambiente più importante per tutta la famiglia? _____
il posto più comodo? _____
il posto più rumoroso / meno tranquillo? _____
il posto più tranquillo? _____

9 ASCOLTARE Un dialogo misterioso! 🔊 29
Questo è l'ultimo ascolto delle lezioni di "Espresso Ragazzi 2". Cerca di capire il senso generale della conversazione. Senza scrivere, prova a ricordare la quantità massima di informazioni, ascolta più volte e ogni volta confrontati con un compagno.
Le domande sotto servono da riferimento generale.

1. Quante persone parlano?
2. Chi sono?
3. Dove sono?
4. Che cosa stanno facendo?
5. Esprimono opinioni? Quali?
6. Come si conclude la conversazione?

E 11
E 12

10 PROGETTO Facciamo un fumetto!
Lavora con due compagni. Osservate le immagini. Mancano i dialoghi: dovete immaginare la conversazione tra i personaggi. Usate la fantasia! Immaginate anche che cosa succede nell'ultimo box: come finisce la storia? Fotocopiate il fumetto su un foglio A3, disegnate l'ultima scena e aggiungete i dialoghi. Alla fine mostrate il vostro fumetto alla classe.

GRAMMATICA 8

GRAMMATICA

1 L'aggettivo bello

Quando l'aggettivo *bello* si trova prima di un nome, si comporta come l'articolo determinativo.

maschile		femminile	
bel quartiere	→ **bei** quartieri	**bella** casa	→ **belle** case
bell'appartamento	→ **begli** appartamenti	**bell'**avventura	→ **belle** avventure
bello specchio	→ **begli** specchi		

2 Il condizionale presente

	verbi regolari			verbi irregolari			
	abitare*	prendere	finire	bere	essere	venire	volere
(io)	abit**erei**	prend**erei**	fin**irei**	berrei	sarei	verrei	vorrei
(tu)	abit**eresti**	prend**eresti**	fin**iresti**	berresti	saresti	verresti	vorresti
(lui, lei, Lei)	abit**erebbe**	prend**erebbe**	fin**irebbe**	berrebbe	sarebbe	verrebbe	vorrebbe
(noi)	abit**eremmo**	prend**eremmo**	fin**iremmo**	berremmo	saremmo	verremmo	vorremmo
(voi)	abit**ereste**	prend**ereste**	fin**ireste**	berreste	sareste	verreste	vorreste
(loro)	abit**erebbero**	prend**erebbero**	fin**irebbero**	berrebbero	sarebbero	verrebbero	vorrebbero

*La *-a* della desinenza diventa *-e*; fanno eccezione i verbi: *dare* → d**a**rei, *fare* → f**a**rei, *stare* → st**a**rei.

Nei verbi in *-care / -gare* si inserisce una h: *cercare* → cerc**h**erei, *giocare* → gioc**h**erei, *pagare* → pag**h**erei.
I verbi in *-ciare / -giare* perdono la i: *cominciare* → comincerei, *mangiare* → mangerei.
Alcuni verbi perdono la vocale della desinenza dell'infinito: *avere* → avrei, *andare* → andrei, *dovere* → dovrei, *potere* → potrei, *sapere* → saprei, *vedere* → vedrei, *vivere* → vivrei.

Il condizionale non fa parte dell'indicativo e si usa per:
- esprimere desideri: **Vorrei** avere una casa con il terrazzo., Mi **piacerebbe** abitare qui.
- formulare ipotesi e supposizioni: *Secondo te Gioia* **verrebbe** *con noi?*, *Non* **abiterei** *mai in questo quartiere.*
- chiedere qualcosa in modo gentile: *Mi* **faresti** *un favore?*, **Potreste** *aiutarmi?*
- fare una proposta: **Potremmo** *andare in vacanza tutti insieme!*
- dare consigli: *Al posto tuo* **dormirei** *di più.*, **Dovreste** *fare sport.*

3 Il comparativo di maggioranza e minoranza (2)

Si usa *che* per introdurre il secondo termine di paragone se quest'ultimo è:
- un verbo: *Svegliarsi nella natura è molto più bello* **che alzarsi** *con il rumore del traffico!*
- un gruppo di parole preceduto da una preposizione: *Qui i vicini sono più simpatici* **che nel vecchio palazzo**.
- un avverbio: *Si vive meglio lì* **che qui**.
- un aggettivo: *Francesco è più bello* **che simpatico**!

4 Il superlativo relativo

Il superlativo relativo esprime il grado più alto di una qualità. Si forma con: articolo (+ nome) + *più / meno* + aggettivo (+ *di / fra / tra*): *Questo è* **il quartiere meno tranquillo di** *Milano.*, *Per me Venezia è* **la città più bella del** *mondo!*, *Ho assaggiato molti tiramisù in vita mia, ma questo è* **il più buono** *in assoluto!*

Casi particolari: il più buono = **il migliore**
il più cattivo = **il peggiore**

PER COMUNICARE

capire un annuncio immobiliare

"Affittasi posto letto a studente."
"Si affitta monolocale con balcone."

descrivere un quartiere

Questa è una zona ben collegata, ma cara.
Non vivrei mai in un quartiere isolato come questo.

telefonare per un annuncio

Salve, chiamo per l'annuncio.
Avrei qualche informazione da chiedere sull'appartamento.
Da quando è libero l'appartamento?

CIVILTÀ 8 — Il "made in Italy"

Leggi il testo, poi abbina le immagini ai paragrafi corrispondenti, come nell'esempio.

La denominazione *made in Italy* ("fatto in Italia") si riferisce a un'ampia serie di prodotti, dalle scarpe all'abbigliamento, dalle automobili agli alimenti, dall'arredamento alle ceramiche, eccetera. *Made in Italy* significa qualità, design originale, innovazione e tradizione. I prodotti *made in Italy* sono al 100% di origine italiana.
Qui di seguito sono presenti alcuni prodotti che hanno fatto la storia del *made in Italy* e hanno reso l'eccellenza italiana celebre in tutto il mondo.

adattato da www.italia.it

1. Nutella [e] 2. Moka Express [ ] 3. pasta di Gragnano [ ]

 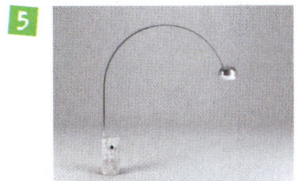 

4. Vespa [ ] 5. lampada Arco [ ] 6. Cinquecento [ ]

a Nata nel 1957, è il simbolo del boom economico italiano del dopoguerra. Piccolissima e leggerissima, minimalista ma originale. La produzione della FIAT si è fermata nel 1972, ma ancora oggi moltissimi italiani (non solo collezionisti) la usano per spostarsi.

b Esposta in vari musei come il MOMA a New York, è uno dei prodotti di design industriale più famosi del mondo. Prima ancora della nascita della Cinquecento, ha contribuito alla motorizzazione di massa degli italiani. La Piaggio la produce ancora oggi, ovviamente con una linea più moderna.

c È un prodotto della Bialetti nato nel 1933. È presente nel 90% delle case italiane, in cui bere caffè è un'abitudine quotidiana.

d Nata (nella prima versione) per l'azienda di arredamento Flos nel 1962, è uno dei prodotti di design industriale più venduti e imitati al mondo.

e Celebre crema alle nocciole, imitata in tutto il mondo, è nata nel 1964: l'azienda Ferrero l'ha lanciata con lo slogan "Che mondo sarebbe senza Nutella?".

f Tipico prodotto della "città dei maccheroni" (vicino a Napoli), deve le sue caratteristiche uniche al clima dolce e umido della località, che le permette di seccare lentamente.

Adesso confrontati con un compagno. Rispondete alle domande.

Quali di questi prodotti già conoscevi?
Normalmente utilizzi / mangi qualche tipico prodotto italiano? Quale/i?
I prodotti di eccellenza del tuo Paese sono simili o diversi da quelli italiani?

VIDEO 4

COSA FARÒ DA GRANDE

Prima della visione

Che lavoro vogliono fare i quattro ragazzi da grandi? Osserva le foto, immagina i loro progetti e abbina le professioni ai nomi (attenzione: ci sono quattro professioni in più). Poi guarda il video e controlla.

scrittore/rice _____   cameriere/a _____
psicanalista _____   regista di cinema _____
informatico/a _____   cantante _____
architetto _____   atleta _____

Elena

Davide

Matteo

Luna

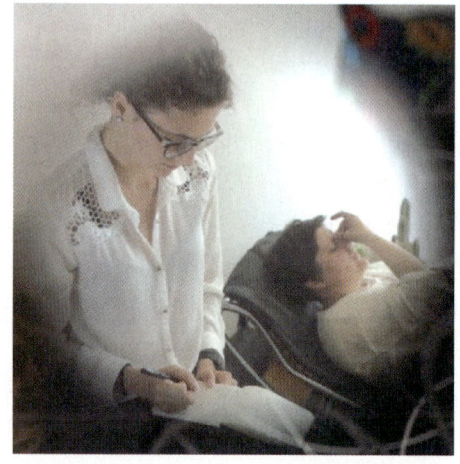

> **mestieri**
> In italiano per alcune professioni si usa solo la forma maschile, per esempio: *architetto, avvocato, ingegnere, meccanico*.
> Ma piano piano la lingua si evolve insieme alla società: per esempio Elena nel video dice *avvocata*.

2 Dopo la visione
Indica se le affermazioni seguenti sono vere o false.

	vero	falso
1 Elena sta leggendo degli annunci di lavoro.	☐	☐
2 Elena sa che tipo di lavoro vuole fare da grande.	☐	☐
3 Un *archistar* è un architetto ricco e importante.	☐	☐
4 Da grande Davide vorrebbe scrivere libri.	☐	☐
5 Matteo non ha un sogno professionale.	☐	☐
6 Luna ha le idee chiare sul suo futuro.	☐	☐

3 Un futuro migliore!
<u>Sottolinea</u> *l'opzione corretta tra quelle* **evidenziate**. *Poi riguarda il video e controlla.*

Elena I giornalisti, tutti! Si parla tanto dei giovani: "i giovani qui, i giovani là, cosa **farenno** / **fararanno** / **faranno**, come **sarono** / **saranno** / **sarenno** da adulti"... Ma non hanno niente di meglio da fare? Io so **migliore** / **benissimo** / **ottimo** cosa voglio fare da adulta!

Matteo Se è per questo, io **diventararò** / **diventerò** / **diventarò** il più grande regista del mondo! E **faro** / **farerò** / **farò** film sui tuoi libri **meglio** / **bene** / **migliori**! Diventeremo famosi!

4 Condizionali
Completa il dialogo con i condizionali della lista.

| potresti | mi piacerebbe | piacerebbe | vorresti |

Davide Allora, a me _____ essere un grande scrittore!
Matteo Se è per questo, io diventerò il più grande regista del mondo! E farò film sui tuoi libri migliori! Diventeremo famosi! E tu, Luna? Cosa _____ fare?
Luna Io? Boh! Forse l'insegnante. O magari... No, psicanalista. Sì, psicanalista! Però _____ anche aprire una libreria.
Davide Magari _____ fare tutti questi lavori insieme...

5 Che cosa significa?
Abbina le espressioni **evidenziate** *al significato corrispondente.*

1 E bla, bla, bla... **Le solite storie!**

2 Bisogna cambiare idea, ogni tanto, **o sai che noia**!

3 **Matteo** E tu, Luna? Cosa vorresti fare?
Luna Io? **Boh!**

a Altrimenti la vita sarebbe poco interessante. ☐
b Non ne ho idea. ☐
c Dicono sempre le stesse cose. ☐

Guarda la **videogrammatica** dell'Episodio 4 e fai i **linguaquiz** delle Lezioni 7 e 8!

BILANCIO 8

Comunicazione

Indica con il simbolo ✓ che cosa sai fare in italiano. Poi completa lo schema con le espressioni della lista.

	sì 😊	così così 😐	no ☹	frase numero
capire un annuncio immobiliare				
fare ipotesi				
dare consigli				
fare una proposta				
descrivere il mio appartamento ideale				

1. Al posto tuo andrei in autobus.
2. L'appartamento dei miei sogni dovrebbe avere un balcone.
3. "Affittasi posto letto a studentessa".
4. Dormirei anche con il rumore.
5. Potremmo abitare insieme!

Grammatica e lessico

Tra queste forme verbali alcune non sono al condizionale presente, ma al futuro: quali? <u>Sottolineale</u>.

1. lei andrebbe
2. noi abiteremmo
3. lui leggerebbe
4. voi sarete
5. io farei
6. loro dormirebbero
7. tu avrai
8. voi vedreste
9. io dovrei
10. loro vorranno

Completa le frasi con il superlativo relativo, come nell'esempio.

Copenaghen è (città / ecologica) _la città più ecologica_ in Europa.

a. I Navigli sono (quartiere / divertente) _____ di Milano.

b. A Bologna c'è (università / antica) _____ d'Italia.

c. Il calcio è (sport / amato) _____ in Italia.

d. In passato il soggiorno era (stanza / importante) _____ nelle case italiane.

e. Milano ha (affitti / alti) _____ in Italia.

I Navigli a Milano

Inserisci i mobili della lista nell'ambiente dove si trovano generalmente in un appartamento.

| divano | armadio | vasca | doccia | letto | comodino | frigorifero | lavandino |

bagno	cucina	camera	soggiorno

Abbina gli aggettivi al loro contrario.

1. luminoso
2. enorme
3. rumoroso
4. centrale
5. pratico

a. silenzioso
b. isolato
c. scomodo
d. buio
e. piccolissimo

Abilità: parlare (interazione)

Lavora con un compagno (studente A e studente B). Leggete le istruzioni. Avete qualche minuto per preparare una conversazione al telefono. Poi A telefona a B e inizia il dialogo.

studente A

Cerchi una sistemazione in affitto nella città italiana dove andrai all'università / lavorerai per un periodo.
Hai trovato un annuncio interessante (vedi sotto) e chiami il proprietario: chiedi informazioni sugli altri inquilini, il quartiere, i mezzi pubblici, la durata del contratto, le spese extra, ecc. Domanda anche quando sarà libero l'appartamento e che tipo di mobili ci sono. Anche il proprietario ti farà alcune domande.

Alla fine decidete insieme se prendere un appuntamento per una visita.

studente B

Sei il proprietario di un appartamento e hai messo un annuncio per affittare un posto letto (vedi sotto). Cerchi una persona tranquilla e ordinata, che non dà problemi.
Ti chiamerà un ragazzo / una ragazza per farti alcune domande.
Chiedi anche tu informazioni sulla sua occupazione, il suo stile di vita, l'eventuale garanzia dei genitori, ecc. Domanda anche se ha animali e per quanto tempo vuole affittare il posto letto.

Alla fine decidete insieme se prendere un appuntamento per una visita.

Si affitta posto letto a ragazzo / ragazza in camera doppia ammobiliata in appartamento con altri 3 studenti. Zona ben collegata. L'appartamento è al piano terra e si compone di tre camere da letto (una doppia, due singole), doppi servizi, soggiorno, cucina attrezzata e balcone. 230 euro al mese, spese escluse.

VOCABOLARIO ESPRESSO 8

- piano terra
- bagno
- balcone
- camera da letto
- appartamento
- ben collegato
- soggiorno
- monolocale
- luminoso
- riscaldamento
- rumoroso
- isolato
- scomodo
- terrazzo
- quartiere
- buio
- affitto
- armadio
- lampada
- divano
- letto
- peggiore
- vuoto
- tavolo
- affittasi / si affitta...
- ci sentiamo!
- magari!

Nella foto: Roma.

ESERCIZI 1

1 Che cosa indossa?
Abbina i capi di abbigliamento della lista alle immagini corrispondenti.

stivali · vestito · gonna · maglione a collo alto · tuta · scarpe da ginnastica · camicia · cappello · pantaloni · borsa

2 I colori dei vestiti
Completa i nomi dei colori con le desinenze giuste.

1. Martina indossa un paio di pantaloni ner__, una maglietta ross__ e una borsa bl__.
2. Quando va in ufficio, mio padre mette sempre le scarpe marron__.
3. Oggi Gianni ha messo i jeans con una maglietta bianc__ e una felpa arancion__.
4. Anna porta spesso una gonna viol__ e un maglione ner__.
5. A Emanuela piacciono le gonne giall__ o celest__.
6. Filippo indossa spesso jeans grig__ e maglioni verd__.

3 In un negozio di abbigliamento
Completa il dialogo a pagina 137 tra un ragazzo (il cliente) e un giovane commesso. Devi inserire le frasi del cliente.

a. Mi piace, è originale, ma non so se piace anche a lei...
b. Allora prendo la prima. Ma se non le piace?
c. Ah. Un po' cara. E la prima quanto costa?
d. Molto bella. Ma quanto viene?
e. Eh... Si veste in modo abbastanza sportivo.
f. Vorrei vedere una gonna a pois. È un regalo per la mia ragazza.
g. La media, mi sembra.

- Ciao, posso aiutarti?
- Ciao, sì... _____
- Certo. Che taglia porta?
- _____
- Ok. Come ti sembra questo modello?
- _____
- Ma che stile ha la tua ragazza?
- _____
- Ah, allora ti consiglio una gonna diversa... Questa qui.
- _____
- 85 euro.
- _____
- 60 euro, è in offerta, c'è uno sconto del 15%.
- _____
- Viene qui lei e la cambia, non c'è problema.

4 Quello
Completa le frasi con le forme appropriate del dimostrativo "quello".

1. Mi piace _____ maglione.
2. _____ pantaloni sono molto cari.
3. Ti piace _____ gonna?
4. Quanto vengono _____ scarpe?
5. Posso provare _____ occhiali?
6. _____ zaino blu è in offerta.

5 Pronomi indiretti
Completa le frasi con i pronomi indiretti della lista.

| mi | gli | gli | le | ti | ti | Le | mi |

1. Preferisco i colori chiari, il nero non _____ piace.
2. Federica, come _____ sembra questo vestito? Lo vuoi provare?
3. Signora, _____ piacciono questi pantaloni?
4. Stefania preferisce l'abbigliamento sportivo, _____ piacciono soprattutto i jeans.
5. Giorgio, _____ piace questo cappello?
6. Questi stivali _____ sembrano troppo cari. Non li compro.
7. I miei genitori non mettono mai i jeans. _____ piace essere eleganti.
8. Paolo porta sempre la tuta. _____ piace mettere vestiti comodi.

6 Imperativo regolare
Coniuga i verbi tra parentesi all'imperativo con "tu".

1. (*Guardare*) _____ questo modello, non è carino?
2. (*Assaggiare*) _____ questa mortadella, è molto buona.
3. (*Seguire*) _____ le istruzioni e (*finire*) _____ l'esercizio in due minuti.
4. (*Leggere*) _____ ad alta voce e (*ripetere*) _____ quello che hai capito.
5. (*Scrivere*) _____ con la penna nera, per favore.
6. (*Prendere*) _____ le olive verdi, quelle nere non mi piacciono!

ESERCIZI 1

ESERCIZI 1

7 Pubblicità alla radio
Ascolta il primo spot e indica se le affermazioni sono vere o false.

		vero	falso
1	Gli ipermercati ULTRA fanno sconti solo a fine estate.	☐	☐
2	Gli sconti sono su tutti i prodotti degli ipermercati ULTRA.	☐	☐
3	Chi compra due prodotti, paga il secondo solo la metà.	☐	☐
4	I clienti degli ipermercati ULTRA possono vincere una vacanza.	☐	☐
5	È possibile vincere anche altri premi.	☐	☐

Ascolta il secondo spot e seleziona le opzioni corrette.

1 Chi va a fare la spesa?
- a Fabio.
- b Daniela.
- c Fabio e Daniela.

2 I supermercati ASSO
- a sono aperti da molto tempo.
- b sono nuovi.
- c sono meno economici.

3 In ogni città:
- a c'è solo un supermercato ASSO.
- b ci sono molti supermercati ASSO.
- c c'è un parcheggio.

4 Il parcheggio dei supermercati ASSO
- a è sempre gratuito.
- b è gratis dopo mezz'ora.
- c è aperto anche ai non clienti.

8 In un alimentari
*Sottolinea l'opzione esatta tra quelle **evidenziate**.*

- ■ A chi tocca?
- ▼ A me. Volevo **ne / un po'** di prosciutto di San Daniele.
- ■ Va bene questo o preferisci quello?
- ▼ Quello **quanta / quanto** costa al chilo?
- ■ 35 euro.
- ▼ No, **lo / ne** voglio uno meno caro.
- ■ Allora prendi questo, costa meno.
- ▼ Va bene.
- ■ Quanto **lo / ne** vuoi?
- ▼ Eh... Due etti.

- ■ Bene. Poi?
- ▼ Poi volevo quella mozzarella di bufala in offerta.
- ■ Bene. **Quanta / Quanto**?
- ▼ **Ne / La** prendo un chilo.
- ■ Ecco qui. Altro?
- ▼ Sì, volevo anche quelle olive nere.
- ■ **Quanti / Quante**?
- ▼ Due etti, grazie.
- ■ Ecco fatto. Poi?
- ▼ Basta così, grazie.

9 Comparativi
Completa le frasi: sulle righe _____ scrivi "più" o "meno"; sulle righe _ _ _ _ scrivi la preposizione "di" (+ l'articolo, se necessario).

1 In generale i supermercati sono _____ economici _ _ _ _ piccoli alimentari di quartiere.
2 I vestiti di cotone sono _____ caldi _ _ _ _ vestiti di lana.
3 Di solito i prodotti biologici sono _____ cari _ _ _ _ prodotti non bio.

ESERCIZI 1

4 L'Italia è _____ grande _____ Russia.

5 Le scarpe con il tacco sono _____ comode _____ scarpe da ginnastica.

6 Il Colosseo è _____ famoso _____ arco romano di Benevento.

10 Scuola e abbigliamento
Completa il forum: per ogni spazio vuoto devi selezionare l'opzione corretta nella lista sotto.

Vera
Nella vostra scuola come si vestono ragazzi e ragazze? Nella mia hanno tutti lo stesso stile:
1 _____ jeans e una t-shirt.

Valentina
Nella mia molte ragazze si vestono in **2** _____ casual, con i jeans molto stretti, una maglietta e le sneakers, oppure con i leggings (a tinta unita o a fantasia), una t-shirt
3 _____ e le Converse. Altre persone, soprattutto i ragazzi, hanno uno
4 _____ più semplice e vengono a scuola in tuta, con le scarpe
5 _____ ginnastica. Poi ci sono anche ragazzi più attenti allo stile, ma sono pochi: loro in generale portano jeans e camicia.

Antonella
Da me ci sono un po' di ragazzi **6** _____ di moda, ma la maggior parte ha un look normale, quasi banale (jeans e maglietta). A me invece piace avere uno stile originale, mio:
7 _____ spesso vestiti vintage e accessori più moderni, è divertente mischiare!

Lorenzo
I miei compagni di scuola hanno dai 13 ai 18 anni ma sono eleganti (!), hanno sempre vestiti
8 _____. Io ho uno stile meno classico, **9** _____ molto il look.

Alessandro
Nella mia esistono molti stili diversi: punk, hip hop, casual, firmato, ecc. Sono tutti diversi! Io personalmente non seguo una moda in particolare, la mattina **10** _____ la prima cosa che trovo!

	a	b	c
1	le paia di	un paio di	una coppia di
2	modo	sempre	moda
3	con i tacchi	lunga	cattiva
4	stile	vestito	sport
5	di	della	da
6	sicuri	appassionati	interessanti
7	indosso	mi sembra	assaggio
8	pericolosi	a due pezzi	cari
9	non mi sembra	non compro	non mi interessa
10	volevo	mi metto	mi vesto

Esercizi extra?
Vai nell'@rea web di *Espresso Ragazzi* e fai gli esercizi online della Lezione 1!
www.almaedizioni.it

ESERCIZI 2

1 Personalità

Leggi le frasi e abbina le persone all'aggettivo della lista corrispondente. Attenzione alla desinenza dell'aggettivo!

sicuro   dinamico   solitario   tranquillo

riservato   silenzioso   ambizioso   ottimista

1. **Martina:** Mi piace passare molto tempo da sola. È una ragazza _____.
2. **Carlo:** Ascolto molto, ma parlo poco. È un ragazzo _____.
3. **Chiara:** Non mi piace parlare di cose intime. È una ragazza _____.
4. **Mario:** Penso sempre positivo! È un ragazzo _____.
5. **Pietro:** Ho grandi progetti per il mio futuro! È un ragazzo _____.
6. **Sara:** Esco spesso, faccio sport e molte altre cose. È una ragazza _____.
7. **Flavio:** Non ho paura di parlare davanti a molte persone. È un ragazzo _____.
8. **Virginia:** Non mi arrabbio mai! È una ragazza _____.

2 Animali

Completa il cruciverba con i nomi degli animali raffigurati. La parola contenuta nelle caselle grigie corrisponde all'immagine 9.

3 Imperfetto

Completa lo schema con le forme dell'imperfetto mancanti.

	studiare	svegliarsi	vivere	dormire	essere	fare
(io)	studiavo					
(tu)				dormivi		
(lui, lei, Lei)			viveva			
(noi)						facevamo
(voi)		vi svegliavate				
(loro)					erano	

4 Ancora imperfetto
Completa le frasi con i verbi della lista.

| lavoravano | si chiamavano | andavate | era | avevo | andavo |
| eravate | c'era | volevano | giocavamo | avevi | mi piacevano |

1. Tu _____ un cane da piccolo?
2. Da piccoli io e mio fratello Paolo _____ sempre con i figli dei vicini di casa.
3. Da bambino di solito _____ a scuola con mio padre.
4. Strano, da piccola non _____ i dolci, adesso invece...!
5. A casa nostra _____ poco spazio, per questo i miei genitori non _____ avere animali.
6. Prima avevo due gatti. _____ Milza e Boris.
7. I miei nonni _____ moltissimo, per fortuna ora sono in pensione!
8. Dove _____ in vacanza tu e tua sorella quando _____ piccole?
9. Il mio primo professore di fisica _____ sempre nervoso. Io _____ paura di lui!

5 Da piccola...
Completa il testo con i verbi tra parentesi all'imperfetto.

Da piccola (*io - passare*) _____ molto tempo a casa dei miei nonni. Mi (*piacere*) _____ molto stare con loro, forse perché (*loro - vivere*) _____ in una grande casa in campagna. (*Io - dormire*) _____ a casa loro quasi ogni fine settimana. I miei nonni non (*essere*) _____ ancora anziani, (*avere*) _____ circa 55 anni. La domenica mattina mia nonna (*svegliarsi*) _____ molto presto e (*andare*) _____ a dare da mangiare alle oche e alle galline, poi (*tornare*) _____ per preparare il pranzo. Io (*alzarsi*) _____ più tardi e (*andare*) _____ subito in cucina a fare colazione: lei (*fare*) _____ la pasta in casa, io (*mangiare*) _____. (*Noi - parlare*) _____ fino all'ora di pranzo!

6 La particella *ci*
In quali frasi è necessario inserire la particella "ci"?

1. ■ Andavi spesso al cinema quando eri piccolo? ▼ _____ andavo circa una volta alla settimana.
2. ■ Da quanto tempo vivi a Padova? ▼ _____ abito da cinque anni.
3. ■ Ti piaceva passare il tempo al mare? ▼ Sì, _____ mi piaceva molto.
4. ■ Studi sempre al liceo classico? ▼ No, ora _____ vado al liceo artistico.
5. ■ Conosci questo campeggio? ▼ Sì, _____ venivo sempre da piccolo con la mia famiglia.
6. ■ Con chi vai in discoteca? ▼ In genere _____ vado con due amici.
7. ■ Stasera che fai? ▼ _____ vado in pizzeria con due amici.
8. ■ Conosci Milano? ▼ Sì, _____ abitava mio zio, _____ andavo due o tre volte all'anno.

ESERCIZI 2

ESERCIZI 2

7 Imperfetto e passato prossimo
Sottolinea nel testo i verbi al passato (imperfetto o passato prossimo), poi inserisci i verbi alla funzione corrispondente nello schema sotto.

> Da piccolo ero pigro e introverso. Odiavo la scuola, non mi piaceva uscire o fare sport, e avevo pochi amici. Passavo molto tempo a casa, giocavo ai videogiochi o leggevo fumetti. Stavo bene così. Ogni tanto venivano amici dei miei genitori insieme ai loro figli: giocavamo insieme, sì, ma io non mi divertivo molto. Preferivo stare da solo. Poi c'è stata una vera e propria rivoluzione. A 15 anni ho conosciuto una ragazza, Ambra: era nella mia stessa classe, quindi la vedevo tutti i giorni. Ero molto innamorato di lei. Per passare più tempo con Ambra un giorno ho preso una decisione radicale: cambiare, uscire più spesso con i miei e i suoi amici, andare alle feste... La mia vita è cambiata completamente!

il verbo descrive		
abitudini	personalità, sentimenti e situazioni nel passato	azioni successe una volta

8 Espressioni di tempo
*Sottolinea l'espressione esatta tra quelle **evidenziate**.*

1. **Quando / Prima** venivo sempre a scuola in autobus.
2. **Da piccolo / Un giorno** non ero contento di andare a scuola.
3. **La prima volta / Di solito** pranzavo da mia zia perché mia madre lavorava.
4. **Ogni anno / Quel giorno** passavamo le vacanze in montagna.
5. **La prima volta che / Di solito** sono andato al mare avevo 4 anni.
6. Quando ero a Napoli, **prima / ogni giorno** mangiavo la pizza.

9 L'estate di Federico
Che cosa faceva Federico l'estate? Completa il testo con le espressioni della lista.

| una volta | mai | la prima volta che | tutte le mattine | tutto il giorno | di solito | mai |

Da piccolo l'estate non andavo _____ in vacanza, perché la mia famiglia abitava al mare, in Sicilia. _____ a luglio e ad agosto restavamo a casa. _____ andavamo in spiaggia e restavamo lì _____. Non abbiamo _____ fatto una vacanza diversa per tanti anni! Solo _____, quando avevo undici anni, siamo andati in montagna, in Piemonte. Quella è stata _____ ho visto la neve!

Esercizi extra? Vai nell'@rea web di Espresso Ragazzi e fai gli esercizi online della Lezione 2!

www.almaedizioni.it

10 Una volta però...
Abbina le frasi di destra e di sinistra e coniuga i verbi tra parentesi al tempo giusto.

1. Monica andava sempre in vacanza al mare.
2. Di solito andavano a scuola in bici.
3. Il Natale lo passavamo sempre a casa dei nonni.
4. Mio nonno era sempre molto tranquillo.
5. Mia sorella era molto brava a scuola.

a. Una volta però (*litigare*) _____ con tutti.
b. Una volta però (*venire*) _____ loro a casa nostra.
c. Solo una volta (*prendere*) _____ un voto basso.
d. Una volta (*provare*) _____ ad andarci a piedi.
e. Solo una volta (*andare*) _____ in montagna.

11 Il tempo giusto
Coniuga i verbi tra parentesi al passato prossimo o all'imperfetto.

1. Da piccola Maria (*vivere*) _____ in un piccolo paese, poi a 25 anni (*decidere*) _____ di andare ad abitare in una grande città.
2. Caterina (*nascere*) _____ a Pisa, quando i suoi genitori (*lavorare*) _____ in Toscana.
3. Prima non mi (*piacere*) _____ ballare, poi un anno fa (*fare*) _____ un corso di tango e ora vado a ballare ogni weekend.
4. Di solito a casa mia (*cucinare*) _____ mia madre. Solo una volta (*cucinare*) _____ mio padre. (*Lui - fare*) _____ la pizza. Purtroppo (*essere*) _____ davvero cattiva, così alla fine (*noi - andare*) _____ a cena in pizzeria!
5. Tommaso (*odiare*) _____ gli animali, poi un anno fa (*prendere*) _____ un gatto e (*diventare*) _____ un'altra persona!
6. Stefania (*lasciare*) _____ Napoli quando (*avere*) _____ 18 anni.
7. Prima (*io - fare*) _____ molto sport, poi con il tempo (*diventare*) _____ pigro!
8. A scuola per me l'inglese (*essere*) _____ molto difficile, poi (*passare*) _____ sei mesi in Irlanda e (*cominciare*) _____ a parlarlo bene.

12 Un amico all'estero
*Riascolta l'**audio 9** della **Lezione 2** e forma frasi logiche unendo le parti di destra e sinistra.*

1. A Natale Tommaso
2. Ad Anna e Marco
3. Per Marco era difficile
4. A volte Tommaso
5. Marco si sentiva bene
6. Tommaso era silenzioso a scuola,
7. Tommaso è andato
8. In questi mesi Tommaso

a. a casa di Tommaso.
b. ma chiacchierone a casa.
c. a fare rafting con la famiglia.
d. è cambiato.
e. fare cose insieme a Tommaso.
f. Tommaso manca molto.
g. torna a Roma.
h. sembrava un vecchio.

ESERCIZI 2

13 Un nuovo talento dello sport
Completa l'intervista con le domande della lista.

1. Però all'epoca non eri italiana, vero?
2. Cioè? Come sono cambiate?
3. Hai vissuto esperienze negative a causa delle tue origini?
4. Ma oltre a guardare la televisione non giocavi?
5. E come ti sentivi quando giocavi?
6. Com'è nata la tua passione sportiva?
7. Com'è stato cominciare a giocare con una squadra importante?

Centonovanta centimetri di energia e simpatia: Paola Egonu è il nuovo talento della pallavolo femminile italiana. Nata vicino a Padova da genitori nigeriani arrivati in Italia circa vent'anni fa (mamma infermiera, papà camionista), gioca nel Club Italia e ha risposto alle nostre domande.

a _____
Da piccola guardavo spesso in TV un cartone animato giapponese sulla pallavolo. Così è nato il mio interesse!

b _____
Sì, quasi tutti i pomeriggi, con le amiche, andavo al parco o in palestra.

c _____
Stavo bene, mi divertivo. Non avevo altri obiettivi. Le cose sono cambiate rapidamente, però.

d _____
A 12 anni ho deciso di entrare in una squadra vera. Due anni dopo mi ha notato il Club Italia. Quello è stato l'inizio della mia carriera sportiva.

e _____
No, non avevo ancora la nazionalità. Sono diventata italiana due anni dopo.

f _____
All'inizio avevo problemi di concentrazione. L'aspetto mentale non andava bene. Ma ero così giovane! Per fortuna le mie compagne di squadra mi sono state vicino.

g _____
Sì, sono stata vittima di frasi razziste diverse volte. Con il tempo ho imparato a ignorare la gente stupida. Io sono orgogliosa delle mie origini miste. E per me uno degli obiettivi dello sport è proprio vincere il razzismo.

adattato da www.panorama.it

TEST A — LEZIONE 1 E 2

ASCOLTARE

Ascolta due volte l'intervista a Edi, un giovane albanese che ha lasciato il suo Paese di origine e oggi vive in Italia. Poi seleziona l'opzione esatta.

1 Edi vive in Italia da:
- a. 32 anni.
- b. 20 anni.
- c. 5 anni.

2 In Italia Edi ha vissuto:
- a. in una sola città.
- b. in cinque città.
- c. in due città.

3 Edi abita:
- a. con sua moglie e sua figlia.
- b. con sua figlia e sua madre.
- c. con sua madre.

4 Edi:
- a. non ha mai lavorato con la madre.
- b. ha fatto un solo lavoro in Italia.
- c. ha fatto due lavori in Italia.

5 Perché Edi è venuto in Italia?
- a. Perché cercava lavoro.
- b. Perché così ha deciso sua madre.
- c. Perché la sua famiglia parlava bene italiano.

6 All'inizio quali problemi hanno incontrato Edi e sua madre?
- a. A Benevento lei lavorava molto e lui si sentiva solo.
- b. A Benevento lei lavorava molto, a Treviso lui si sentiva solo.
- c. A Treviso lei lavorava molto e lui si sentiva solo.

7 Per Edi l'Italia:
- a. è casa sua.
- b. è un Paese dove ha vissuto esperienze terribili.
- c. è un Paese dove vuole restare altri 20 anni.

8 In Italia Edi ha:
- a. amici e parenti albanesi.
- b. solo amici italiani.
- c. amici italiani e parenti albanesi.

9 Per Edi prima la vita in Italia:
- a. era più difficile.
- b. era più facile.
- c. era uguale.

10 Per Edi l'Italia deve:
- a. investire nella cultura.
- b. creare lavoro.
- c. aprirsi alle altre culture.

Totale: _____ / 30 punti (3 x elemento)

TEST A — LEZIONE 1 E 2

2 PARLARE (MONOLOGO)

Com'era la tua vita quando eri piccolo/a? Cos'era peggiore o migliore? Confronta la tua infanzia e la tua vita oggi.
Puoi seguire il modello e ispirarti alle categorie sotto, se vuoi.

> Da bambino/a... Da piccolo/a...
> Spesso... Di solito...
> Prima vivevo... A scuola andavo...
> Mi piaceva / non mi piaceva...
> La mia vita era più / meno... Io ero più / meno...

| la mia famiglia | il mio carattere | i miei amici | la mia scuola |
| i miei hobby | la mia casa | il ritmo delle mie giornate |

Totale: _____ / 25 punti

3 LEGGERE

Leggi l'articolo e i commenti, poi completa lo schema alla pagina successiva.

La festa dei 18 anni
Compiere 18 anni è un evento importante: i "neoadulti" possono votare, guidare la macchina e fare molte altre cose più o meno importanti. La festa dei 18 anni, quindi, è un'occasione particolare. Leggi i nostri consigli e prepara una festa perfetta!

Tre o quattro settimane prima della festa
Cerca un locale adatto (come una discoteca) e chiama un gruppo musicale o un deejay (o un amico appassionato di musica). Altrimenti va bene anche un luogo meno formale come una casa.
Pensa alle bevande e al cibo (ricorda che a fine festa la torta non deve mancare): chi fa la spesa? Chi cucina? Quando?
Prepara gli inviti: invia una mail ai tuoi contatti, o scrivi un invito allegro e creativo su carta. Decidi se vuoi invitare solo gli amici o anche i parenti: molti ragazzi festeggiano il pomeriggio a casa con i parenti, la sera in un locale con gli amici.

Il giorno della festa
Come vestirsi? Per le ragazze: è tradizione indossare un vestito elegante ma semplice. Anche per i ragazzi consigliamo lo stile *casual chic*: jeans e camicia vanno benissimo.
Quando arriva un invitato, apri subito il suo regalo: è più gentile.
Ricorda di controllare il *buffet* e di servire cibo e bevande per tutta la festa.

Buona festa e... tanti auguri!

Commenti

Egle Grazie per i consigli! Io ho una festa di 18 anni tra due giorni. Metto un vestito scuro o molto colorato? Quale vi sembra la scelta migliore?

Annalisa All'ultima festa di 18 anni io avevo una gonna corta nera, una camicia a pois bianca e nera e un paio di scarpe nere con il tacco (di mia madre!).

Niccolò Ma perché alle feste di 18 anni tutti si vestono con colori scuri? Secondo me i colori chiari sono più adatti a un'occasione allegra come questa!

adattato da www.pianetadonna.it

	vero	falso	informazione non presente nel testo
1 La festa dei 18 anni è un evento normale nella vita di un ragazzo.	☐	☐	☐
2 La festa dei 18 anni può tenersi in un locale privato o in una casa.	☐	☐	☐
3 Alle feste dei 18 anni c'è sempre una torta.	☐	☐	☐
4 Online ci sono molti esempi di inviti già pronti.	☐	☐	☐
5 La festa dei 18 anni è aperta sia agli amici che ai parenti.	☐	☐	☐
6 Gli invitati devono portare un regalo molto costoso.	☐	☐	☐
7 Non è gentile ricevere un regalo e aprirlo dopo.	☐	☐	☐
8 Egle non vuole andare alla festa.	☐	☐	☐
9 Alla festa Annalisa indossava un paio di scarpe non sue.	☐	☐	☐
10 Niccolò è andato a molte feste di 18 anni.	☐	☐	☐

Totale: _____ **/ 20 punti** (2 x elemento)

4 SCRIVERE

Chiara Ferragni è una fashion blogger italiana molto famosa nel mondo della moda internazionale. Leggi il suo post e scopri che tipo di vestiti ha. Poi scrivi che tipo di vestiti hai tu e qual è il tuo stile quando vai a scuola, sei a casa, o esci: è molto diverso da quello di Chiara? Usa minimo 100 parole.

Amo il look *vintage*, i Levi's degli anni ottanta e le Converse (ne ho una collezione). Da mia madre ho preso la passione per i cappelli e le sciarpe. A casa ho maglioni, magliette *basic*, canottiere, camicie colorate e molte giacche in pelle (le adoro!). Poi jeans di ogni tipo: larghi, stretti…

adattato da www.elle.it

Totale: _____ **/ 25 punti**

PUNTEGGIO TOTALE: _____ **/ 100 punti**

TEST A

ESERCIZI 3

1 Che aspetto hanno?
Completa le descrizioni con gli aggettivi della lista.

| anziano | bianchi | corti | giovane | grasso | lunghi | magro | ricci |

 1 ha i capelli _____

 2 ha i capelli _____

 3 ha i capelli _____

 4 ha i capelli _____

 5 è _____

 6 è _____

 7 è _____

 8 è _____

2 Né basso né grasso
Trasforma le frasi come nell'esempio.

> Ugo è basso e grasso. → Antonio non è né basso né grasso.

1 Arturo è simpatico e intelligente. → Rita _____.
2 Sonia è dolce e bella. → Luisa _____.
3 Quella trattoria è buona ed economica. → Quel ristorante _____.
4 A Paolo piace la carne e il pesce. → A Elisa _____.
5 Davide è stato in Giappone e in Cina. → Io _____.

3 Passato prossimo dei verbi riflessivi
Completa le frasi con i verbi della lista al passato prossimo.

| alzarsi | mettersi | arrabbiarsi | tornare | dedicarsi |
| divertirsi | perdere | addormentarsi | riposarsi | sposarsi |

1 Marco e Pamela _____ tantissimo alla festa di Andrea.
2 È stata una vacanza perfetta: abbiamo dormito, abbiamo letto, abbiamo preso il sole... Insomma, _____!
3 Ieri sera Patrizia _____ dopo mezzanotte, così stamattina _____ tardi e _____ il treno.
4 Mio nonno _____ per molti anni al giardinaggio.
5 I tuoi genitori _____ in chiesa?
6 Sai la novità? Rosa e Alfredo _____ insieme!
7 Ieri mio fratello _____ a casa tardi e mio padre _____ come un pazzo!

4 Questioni di cuore

Completa il dialogo con i verbi tra parentesi al passato prossimo.

Daniela Io (*innamorarsi*) _____ tre volte nella vita.
Saverio Davvero? Io non (*innamorarsi*) _____ mai...
Daniela Sul serio? Io sì, di Gianluca, Alessandro e Carlo. Gianluca era biondo ed era più grande di me. (*Noi - incontrarsi*) _____ in montagna. (*Noi - divertirsi*) _____ come pazzi!
Saverio E (*voi - mettersi*) _____ insieme?
Daniela Certo! Ma poco dopo (*noi - lasciarsi*) _____ perché (*io - innamorarsi*) _____ di Alessandro, in vacanza al mare. Aveva due occhi azzurri bellissimi!
Saverio Così (*tu - mettersi*) _____ insieme a lui.
Daniela No. Lui non (*innamorarsi*) _____ mai di me... e alla fine (*lui - mettersi*) _____ con la mia migliore amica!
Saverio Ma dai! E l'ultimo, Carlo?
Daniela Io e lui (*stare*) _____ insieme due mesi! (*Noi - lasciarsi*) _____ l'estate scorsa. E tu? Non hai avuto mai una ragazza?
Saverio Sì, sì! Ho solo detto che non (*io - innamorarsi*) _____ mai... ma (*io - stare*) _____ insieme a Lucia, Chiara, Katia...

5 Confronti

Forma frasi per fare confronti tra questi ragazzi, come nell'esempio. Sono possibili più soluzioni.

Alida è più giovane di Emiliano, meno giovane di Dylan, più bassa di Marta e mora come Cristina.

Marta
15 anni, alta 1,65 m
capelli biondi

Alida
15 anni, alta 1,58 m
capelli neri

Dylan
14 anni, alto 1,65 m
capelli castani

Emiliano
16 anni, alto 1,80 m
capelli castani

Ella
17 anni, alta 1,75 m
capelli castani

Cristina
18 anni, alta 1,75 m
capelli neri

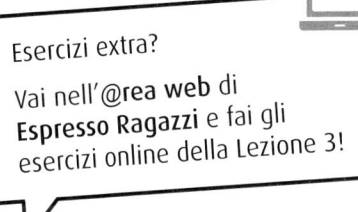
Esercizi extra?
Vai nell'@rea web di **Espresso Ragazzi** e fai gli esercizi online della Lezione 3!
www.almaedizioni.it

ESERCIZI 3

6 Che cosa sai fare?
*Completa le frasi: ogni volta decidi se inserire il presente del verbo **evidenziato**, o il presente del verbo "sapere" + l'infinito del verbo **evidenziato**, come nell'esempio.*

> **cucinare**
> ■ _Sai cucinare_ ?
> ▼ In genere non ___cucino___, non mi piace molto, ma quando lo faccio sono bravo.

1 parlare
■ In che lingua _____ Arianna quando è con i suoi amici spagnoli?
▼ In italiano, perché non _____ né inglese né spagnolo.

2 suonare
■ Tu il pomeriggio a scuola _____ il pianoforte, vero?
▼ No, ti sbagli, io non _____ nessuno strumento.

3 giocare
■ (*Noi*) _____ a tennis domani?
▼ Va bene, anche se io veramente non _____ molto bene.

7 Partitivo
Completa con il partitivo singolare e plurale ("di" + articolo determinativo).

partitivo singolare
1 Vorrei _____ acqua, per favore.
2 Hai _____ shampoo?
3 A pranzo abbiamo mangiato _____ riso.

partitivo plurale
4 Hai _____ amici proprio simpatici!
5 A casa di Letizia c'erano _____ ragazze molto carine!
6 Sofia porta sempre _____ vestiti molto belli.

8 *Cominciare* e *finire*
Completa le frasi con l'ausiliare appropriato ("avere" o "essere") e con l'ultima lettera del participio passato.

1 Ieri la festa _____ finit__ molto tardi.
2 (*Tu*) _____ già cominciat__ il corso di arabo?
3 Stefania, _____ finit__ già di fare i compiti?
4 Peccato, le vacanze _____ già finit__!
5 Il film non _____ ancora cominciat__, vado a comprare del popcorn.
6 Incredibile! (*Io*) _____ cominciat__ a riordinare la mia camera ieri e non _____ ancora finit__ di sistemare tutto!

9 Coinquilini disordinati: istruzioni per l'uso
Completa il testo a pagina 151: per ogni spazio vuoto seleziona l'opzione corretta nella lista sotto l'articolo.

ESERCIZI 3

Come convivere con dei coinquilini disordinati (senza impazzire)

Abitare con altre persone, condividere gli spazi con **[1]** _____ estranei non è facile... La convivenza è problematica soprattutto quando i coinquilini hanno **[2]** _____ abitudini molto differenti e non **[3]** _____ adattarsi a ritmi diversi.
Ci sono persone troppo socievoli, o troppo silenziose, quelle che non escono mai, quelle che tornano a casa solo per dormire... e i coinquilini disordinati, quelli che non **[4]** _____ simpatici a nessuno.
I coinquilini disordinati lasciano la tazza della colazione sul tavolo in cucina, non lavano mai i piatti, non puliscono mai il bagno.
[5] _____ in una casa nuova e avete scoperto che uno dei vostri coinquilini è orrendo **[6]** _____ quello della nostra descrizione?
Voi invece siete persone rispettose, pulite e ordinate? Per non arrabbiarvi ogni giorno, dovete stabilire **[7]** _____ semplice regola di convivenza.
Ecco una lista incompleta di regole essenziali:
• dividersi i compiti in casa (organizzare **[8]** _____ turni per pulire gli spazi comuni come il bagno e la cucina, e/o per fare la spesa);
• ordinare il cibo nel frigorifero (ogni coinquilino ha uno spazio definito): vietato mangiare il cibo degli altri!

adattato da http://blog.vileda.it

	a	b	c
1	dei	dell'	degli
2	delle	dell'	degli
3	capiscono	imparano	sanno
4	stanno	sanno	si mettono
5	Avete cominciato	Vi siete trasferiti	Avete trasferito
6	di	come	più
7	qualche	delle	della
8	dei	degli	di

10 Vittorio e Costanza

Riascolta l'audio 12 della Lezione 3 fino al punto che corrisponde alla fine della trascrizione e completa il dialogo con le parole mancanti.

Vittorio: Voi da quanto tempo convivete?
Paolo: Hm... Quando _____ a casa tua?
Lucia: Dieci anni fa.
Paolo: Già dieci anni?
Lucia: Eh, sì, perché _____ a lavorare qualche mese prima, ti ricordi? E sono passati proprio dieci anni da quando hai lasciato casa dei tuoi genitori.
Paolo: È vero. Mamma mia, come passa il tempo!... E tu e Costanza, invece?
Vittorio: Hm... Noi viviamo in coppia da circa quindici anni, da quando _____ di studiare. Prima, quando eravamo studenti, abitavamo insieme a altri tre ragazzi, _____ compagni di università. Dei coinquilini terribili, non _____ fare niente in casa, mi sembrava di abitare con _____ bambini!
Lucia: Quanto tempo siete rimasti con loro?
Vittorio: Eh... Per tutti gli studi. Poi quando è finita l'università, _____ in una casa diversa con altri due amici, una coppia.
Lucia: Ma all'epoca tu e Costanza non _____, no?
Vittorio: No, no, eravamo amici, poi ci siamo innamorati ed _____ la nostra storia.

ESERCIZI 4

1 Che cosa stanno facendo?
Forma delle frasi con "stare" + gerundio. Sono possibili soluzioni diverse.

1 Barbara _____

2 Giuliano _____

3 Samuele _____

4 Leonardo e Andrea _____

5 Almerico _____

6 Debora e Mattia _____

2 Stare + gerundio
Abbina le parti di destra e sinistra e forma delle frasi logiche con "stare" + gerundio, come nell'esempio.

1 Dobbiamo correre,
2 Ciao Valentina, ciao Riccardo,
3 Non posso venire al cinema adesso,
4 Che silenzio in questa casa!
5 Mamma non c'è,
6 Devi abbassare il volume della musica,

a (*Studiare*) _____ e ho bisogno di silenzio!
b Forse (*dormire*) _____ tutti.
c (*Fare*) **sta facendo** la spesa.
d il treno (*partire*) _____ !
e dove (*andare*) _____ ?
f (*Cenare*) _____ ! Perché non andiamo dopo?

3 Una telefonata
Completa il dialogo al telefono con le espressioni della lista.

1. ho da fare
2. ti prego
3. appuntamento
4. stai insistendo
5. veramente no
6. ti va di
7. non mi va di

- Pronto? Ciao, Susanna!
- Ciao, Vanessa, tutto a posto?
- Sì, sì. Senti, _____ andare alla festa di Dario sabato?
- Hm, _____. Alle sue feste c'è sempre gente antipatica. E poi sabato _____.
- Ah, che devi fare?
- Ho _____ con Piero.
- Ah, ma ho invitato anche lui alla festa...
- Ah, sì? E che ti ha detto?
- Mi ha detto di sì! Che voi due vi vedete prima da soli e poi venite alla festa insieme.
- Hm, comunque _____ venire per niente.
- Dai, _____!
- E va bene, vengo solo perché _____!

4 Chi sta chattando con chi?
Abbina gli inviti alle risposte corrispondenti.

1. Andiamo al salone del videogioco domenica?
2. Vieni al concerto di Emma con me sabato?
3. Ti va di andare al centro commerciale oggi pomeriggio? ♥
4. Sto andando a vedere la mostra su Raffaello. Ci vieni con me?

a. Sì, volentieri, ma un altro giorno... Il museo è chiuso oggi!!! ☺
b. Veramente ho da fare, alle 3 viene Elisabetta a casa mia!
c. Non ho voglia, le sue canzoni mi annoiano! ☹
d. Va bene, però il pomeriggio, perché il weekend la mattina voglio dormire!

5 Ti va?
Seleziona la risposta appropriata al contesto.

1. Andiamo al cinema sabato?
   - a. Mi dispiace, posso.
   - b. Mi dispiace, non posso.
2. Vieni a mangiare una pizza stasera?
   - a. Sì, volentieri.
   - b. No, volentieri.
3. Hai voglia di uscire?
   - a. Dai, ti prego!
   - b. Sì, certo!
4. Non posso venire al concerto con te.
   - a. Volentieri.
   - b. Perché, hai da fare?

ESERCIZI 4

ESERCIZI 4

6 Pronomi diretti e participi passati
Completa le frasi con i pronomi diretti (lo, la, l', li, le) e con l'ultima lettera del participio passato.

1. Ieri ho incontrato Claudio e ____ ho invitat__ al concerto di sabato.
2. Non trovo gli occhiali. Dove ____ hai mess__?
3. È un film bellissimo, io ____ ho vist__ tre volte!
4. Hai visto Carlotta? ____ ho cercat__ in aula B, ma non c'era.
5. Non devi comprare le patate, ____ ho pres__ io ieri al supermercato.
6. L'ultima canzone di Tiziano Ferro è bellissima, ____ hai sentit__?

7 Hai già…?
Sabato a casa tua fai una grande festa per i tuoi 18 anni. Leggi la lista di cose da fare/preparare e forma delle frasi con "già" (dove c'è il segno ✓) e con "non ancora", come negli esempi.

1. comprare le bibite ✓
2. pulire l'appartamento
3. preparare la torta
4. chiamare i due deejay ✓
5. mandare la mail con l'invito ufficiale ✓
6. lavare i jeans nuovi
7. fare la spesa
8. chiamare Luisa e Serena ✓

1. Le bibite le ho già comprate.
2. L'appartamento non l'ho ancora pulito.
3. _____
4. _____
5. _____
6. _____
7. _____
8. _____

8 Pronomi e infinito
Trasforma le frasi come nell'esempio.

1. Devi spegnere la suoneria! — Devi spegnerla! / La devi spegnere!
2. Non devi usare il cellulare in classe. — _____ in classe.
3. Tutti vogliono usare il telefonino in continuazione. — _____ in continuazione.
4. Non puoi postare queste foto! — _____.
5. A scuola i professori possono ritirare i telefonini. — A scuola i professori _____.
6. Vuoi vedere la mostra con me? — _____ con me?

9 Pronomi relativi
Sottolinea il pronome corretto tra quelli **evidenziati**.

1. Damiano è un amico **con cui / che** esco spesso.
2. Questo è l'artista **che / di cui** ti ho parlato.
3. Venezia è la città **in che / in cui** sono nata.
4. Sto leggendo un libro **che / a cui** mi piace molto.
5. Quello è il ragazzo **a cui / che** piace a Marta.

10 Ancora pronomi relativi

Completa le frasi con "che" o con la preposizione + "cui".

1. Ecco la bici ____ ho comprato la scorsa settimana. Ti piace?
2. Lui è il ragazzo ____ viene sempre a scuola Alberta.
3. Preferisco il concerto ____ abbiamo visto un mese fa. Questo è noioso.
4. Prima abitavo a Bologna. È una città ____ penso spesso. Mi manca.
5. Lui è Salvo, l'amico ____ ti ho parlato ieri.
6. Alessandra è l'amica ____ chatto di più.
7. Non mi va di andare nell'albergo ____ sono stata in vacanza l'anno scorso.
8. Martina si comporta sempre in un modo ____ non sopporto!

Esercizi extra?

Vai nell'@rea web di **Espresso Ragazzi** e fai gli esercizi online della Lezione 4!

www.almaedizioni.it

11 Una prenotazione telefonica

🔊 32

Cesare vuole andare a vedere una mostra. Chiama il servizio telefonico Ticket Yes per fare una prenotazione. Seleziona che cosa vuole vedere e comprare Cesare.

mostra

☐ "Raffaello a Roma"

(Raffaello Sanzio, autoritratto, circa 1505)

☐ "Botticelli a Firenze"

(Sandro Botticelli, autoritratto, circa 1475)

☐ visita guidata: sì   visita guidata: no ☐

☐ biglietto singolo   biglietto di gruppo ☐

☐ 14 maggio   13 maggio ☐

ESERCIZI 4

12 Adolescenti americani e italiani
Leggi il testo e sottolinea l'opzione corretta tra quelle **evidenziate**.

Intervista doppia Italia / Stati Uniti
Che cos'hanno in comune gli adolescenti americani e quelli italiani? Abbiamo fatto le stesse domande a Giacomo, adolescente italiano, e a Sophia, teenager americana.

Che musica ascolti?

Giacomo
Molto rap americano. Non capisco bene le parole, ma mi piace il ritmo. Seguo anche il rap italiano e dei deejay inglesi, **li ho scoperto / l'ho scoperto / li ho scoperti / le ho scoperte** da poco.

Sophia
Soprattutto musica pop. A volte le parole sono un po' stupide, ma per me il ritmo è più importante del testo.

Dove vai e che cosa fai quando vedi i tuoi amici?

Giacomo
D'estate andiamo al parco. Ma d'inverno non **ho molto voglio / mi va molto / vado / non ho molta voglia** di uscire, preferisco andare a casa di qualcuno: ascoltiamo musica e giochiamo con la X Box.

Sophia
Ci vediamo nei caffè, o a casa, o andiamo al cinema. A casa spesso guardiamo dei video divertenti su internet.

Usi molto lo smart phone?

Giacomo
Sì, soprattutto per modificare le foto e postarle sui social. Lo fanno tutti i miei amici. Quindi **devo farlo / devo lo fare / devo fare / devo fare lo** anch'io!

Sophia
Sì, per giocare o fare foto.

Hai amici stranieri?

Giacomo
Sì, filippini, ecuadoregni, albanesi, marocchini...

Sophia
Sì: algerini, coreani, tibetani, australiani. **Li ho conosciuto / Li ho conosciuti / L'ho conosciuti / Li ha conosciuti** tutti a scuola.

Sai come funziona la scuola americana?

Giacomo
Non molto. So che esiste la "high school", **che / cui / per cui / di che** è più o meno il nostro liceo, e poi il "college"... O **sono dicendo / stare dicendo / sto dicendo / sto dando** una cosa sbagliata?

Sai come funziona la scuola italiana?

Sophia
No, è una cosa **di cui / per cui / di che / a cui** non ho mai pensato!

Che cosa sono per te gli Stati Uniti?

Giacomo
Un luogo **in cui / che / in che / cui** a molti italiani piacerebbe vivere.

A che cosa pensi quando dico "Italia"?

Sophia
Al cibo, alla storia antica e alla gente socievole. Sicuramente l'Italia è un posto diverso, ma secondo me i giovani lì fanno le stesse cose **di cui / che / con cui / chi** facciamo noi.

adattato da www.samarcanda.it

TEST B — LEZIONE 3 E 4

1 SCRIVERE

Leggi la domanda pubblicata in un forum online e le brevi risposte. Qual è la tua opinione sulla questione? Scrivi un commento per dire che cosa pensi. Puoi utilizzare le espressioni del modello, o altre. Usa minimo 120 parole.

> Secondo me… Per me… Sono d'accordo… Non sono d'accordo…

Angelica Com'è il vostro partner ideale? Mi riferisco all'aspetto, al carattere, allo stile… Tutto!

Bianca La persona ideale dev'essere intelligente, generosa, e saper parlare di tutto. Poi in generale io preferisco le persone alte, more, con gli occhi verdi e uno stile né troppo elegante, né troppo sportivo…

Sandro Non esiste! All'inizio sembrano tutti fantastici, ma con il tempo cominci a scoprire anche degli aspetti negativi. Prima stavo con una persona "perfetta", ma quando l'ho conosciuta bene ho capito che era normale come tutti.

Totale: _____ / 25 punti

2 ASCOLTARE

 33

Dina ha conosciuto il suo compagno, Adriano, in una chat. Ascolta due volte il racconto su come è cominciata la loro relazione, poi rispondi alle domande.

1. Quanto tempo fa si sono conosciuti Dina e Adriano?
2. Perché Dina ha deciso di iscriversi a una chat di incontri?
3. Che cosa è successo quando Dina e Adriano hanno chattato per la prima volta?
4. Dopo quanto tempo i due si sono parlati al telefono?
5. Com'è andata la prima telefonata tra Dina e Adriano?
6. Perché non era facile incontrarsi di persona?
7. Che tipo di sorpresa ha fatto Adriano a Dina?
8. Durante il primo incontro, che cosa ha pensato Dina di Adriano?
9. Dopo quanto tempo i due hanno cominciato a convivere?
10. Che progetti hanno Dina e Adriano?

Totale: _____ / 30 punti (3 x elemento)

TEST B — LEZIONE 3 E 4

3 LEGGERE

In Italia ci sono molti festival e rassegne. Completa i testi: per ogni spazio vuoto devi selezionare l'opzione corretta a pagina 159.

Una marina di libri è un **1** _____ indipendente di libri che si tiene presso la Galleria di Arte Moderna di Palermo. All'ultima edizione hanno partecipato quarantanove **2** _____, di cui 22 siciliane e 27 di altre regioni italiane: un segnale che la rassegna **3** _____ ad attirare l'attenzione del settore nazionale.

Nato nel 1971, il **Festival Internazionale del Teatro in Piazza** si tiene nella piccola città di Santarcangelo, non lontana da Rimini. La città **4** _____ in una vera e propria "cittadella del teatro" ed è diventata un **5** _____ costante di idee e linguaggi nuovi. Santarcangelo non ha un teatro: il teatro è la città stessa, le sue strade, le sue piazze.

Il **6** _____ Festival **TorinoDanza** è nato per iniziativa della Città di Torino in collaborazione con la Regione Piemonte e sviluppa progetti con **7** _____ grandi istituzioni europee. Grazie alle sue importanti produzioni internazionali, **8** _____ Torino in una delle città di riferimento della danza contemporanea in Italia.

Teatro, danza, circo contemporaneo, arte e tecnologia e musica sono i protagonisti del **Romaeuropa**, un festival **9** _____ sa raccontare le trasformazioni e le **10** _____ del mondo contemporaneo ed è diventato un punto di riferimento sulla scena internazionale con le sue numerose produzioni italiane e straniere.

1 a parco	b mostra	c festival	d concerto
2 a competizioni	b case editrici	c nazioni	d mostre d'arte
3 a cominciava	b sta finendo	c finisce	d sta cominciando
4 a ti trasforma	b si è trasformata	c si trasformava	d trasformarsi
5 a laboratorio	b biglietto	c produzione	d fumetto
6 a brutto	b internazionale	c celebre	d pulito
7 a dalle	b una	c dei	d delle
8 a si è trasformata	b ha trasformato	c trasformava	d si trasforma
9 a cui	b per cui	c che	d quale
10 a innovazioni	b educazioni	c divertimenti	d case editrici

Totale: _____ / 20 punti (3 x elemento)

4 PARLARE (INTERAZIONE)

Lavora con un compagno (studente A e studente B). Siete a Roma e volete partecipare al tour descritto sotto. Leggete la descrizione, poi le vostre istruzioni, infine fate un dialogo al telefono.

Vuoi passeggiare per Roma e scoprire le opere di *street artist* italiani e stranieri?

L'associazione MURo
(Museo di Urban Art di Roma) propone:

- *street art tour* nella periferia sud di Roma con guide specializzate
- tariffe: adulti 10 euro, studenti 8 euro
- durata del percorso: 2,5 ore
- regalo per i partecipanti: la "Roma street art map"

Roma street art mappa/map
Cambia prospettiva. La strada è il tuo nuovo museo
Change perspective. The street is your new museum

studente A
Vuoi partecipare al tour di MURo nel weekend, la mattina, perché durante la settimana vuoi studiare e basta.
Telefona allo Studente B, proponi il tour e fissa un appuntamento.

studente B
Vuoi partecipare al tour di MURo durante la settimana, il pomeriggio, perché il weekend vuoi riposarti.
Ricevi una telefonata dallo Studente A.

Totale: _____ / 25 punti

PUNTEGGIO TOTALE: _____ / 100 punti

ESERCIZI 5

1 Il mondo dei viaggi
In ogni serie di parole c'è un intruso. Qual è?

1. borsa   campeggio   ostello   villaggio turistico   _____
2. guida turistica   mappa   forum di viaggi   autunno   _____
3. zaino   bed and breakfast   trolley   valigia   _____
4. moto   treno   cellulare   nave   _____

2 *Sapere* e *conoscere* al passato
Completa le frasi coniugando i verbi tra parentesi all'imperfetto o al passato prossimo.

1. (Io - sapere) _____ che sei stato in Marocco. Che bello!
2. Luca (conoscere) _____ Laura in vacanza in Puglia.
3. Quando abitavo a Trieste mi sentivo solo perché (conoscere) _____ poca gente.
4. Eleonora sa suonare il pianoforte benissimo, non lo (tu - sapere) _____?
5. Mia madre (sapere) _____ che il test non è andato bene e (arrabbiarsi) _____ moltissimo!
6. Quando (io - conoscere) _____ Roberto, non (sapere) _____ niente di lui.
7. Ieri mia madre (rimanere) _____ fuori casa senza chiavi, non (lei - sapere) _____ che cosa fare!
8. La nostra vacanza in Brasile (essere) _____ facile e comoda perché (noi - conoscere) _____ già il Paese molto bene.

3 *Tutti*
Completa le frasi con "tutti i" o "tutte le".

1. Camilla è andata in gita con _____ suoi compagni di classe.
2. In Cina abbiamo assaggiato _____ specialità della cucina locale.
3. Mi sono piaciute _____ città che ho visitato in Francia.
4. Quando sono in vacanza al mare, non mi va di passare _____ giorni in spiaggia, mi piace anche vedere _____ attrazioni del luogo.
5. _____ treni sono in ritardo, incredibile!

Esercizi extra?

Vai nell'@rea web di **Espresso Ragazzi** e fai gli esercizi online della Lezione 5!

www.almaedizioni.it

4 Imperfetto e passato prossimo

Completa il racconto del blog di viaggi di Anita coniugando i verbi tra parentesi all'imperfetto o al passato prossimo.

Anita
(Io - fare) _____ un viaggio breve ma meraviglioso con mia sorella Carmen, sulla sua vecchia (ma resistente) Vespa. (Noi - partire) _____ molto presto da Rimini, dove abitiamo, per Ravenna: (noi - volere) _____ vedere i famosi mosaici bizantini della città. Ci (noi - rimanere) _____ per due giorni: (noi - vedere) _____ i meravigliosi mosaici della basilica di San Vitale del 550[1], e molte altre chiese e mausolei importanti. Mia sorella, che studia storia dell'arte all'università, (essere) _____ super emozionata! Io non (sapere) _____ niente di arte bizantina, ma in questo viaggio (io - imparare) _____ un sacco di cose. Non (noi - avere) _____ molti soldi, così (noi - fermarsi) _____ a dormire in un ostello: non (esserci) _____ molti turisti in giro, il posto (essere) _____ tranquillo e pulito. Poi (noi - rimettersi) _____ in viaggio e (arrivare) _____ al Parco del Delta del Po[2], che comprende una serie di bellissime e grandi isole verdi: (noi - dormire) _____ in un agriturismo sull'isola della Donzella, dove ci (loro - dare) _____ due biciclette con cui (noi - fare) _____ dei giri nei dintorni. Non (fare) _____ ancora caldo, per fortuna: l'estate il Delta del Po è una zona da evitare! Il giorno dopo (noi - spostarsi) _____ a Chioggia[3], una specie di Venezia in miniatura! Mia sorella (conoscere) _____ già la città, così mi (lei - portare) _____ solo in posti interessanti ☺ Insomma, una vacanza breve ma piena di natura e cultura: stupendo!

5 Mentre o durante?

Completa le frasi con "mentre" o "durante".

1. _____ il volo per Mosca ho dormito tutto il tempo.
2. _____ eravamo in viaggio verso l'Austria abbiamo incontrato i miei zii!
3. Perché chatti sempre con il cellulare _____ sei al cinema?
4. _____ fate la fila per il check-in, io vado a comprare una bottiglia d'acqua, ok?
5. _____ le vacanze in Sardegna ho conosciuto una coppia di ragazzi irlandesi.

ESERCIZI 5

6 Il grande passato di tre città

Abbina le foto alle descrizioni e completa i testi coniugando i verbi tra parentesi al passato prossimo o all'imperfetto.

1 Venezia ☐

2 Agrigento ☐

3 Roma ☐

a) Diversi popoli (*governare*) _____ questa città: i greci, i romani, gli arabi e i normanni. Il suo nome arabo, Girgenti, (*rimanere*) _____ in uso fino al 1929, quando la dittatura fascista le (*ridare*) _____ il nome che (*avere*) _____ durante il periodo romano.

b) (*Essere*) _____ la capitale del mondo antico. Nel suo momento di massima espansione, il II secolo dopo Cristo, i suoi territori (*andare*) _____ dalla penisola iberica al Golfo persico e dalla Gran Bretagna all'Egitto.

c) Durante il suo periodo d'oro, il XIII secolo, la città (*dominare*) _____ gran parte delle coste del Mar Adriatico e (*essere*) _____ un raffinato centro di sviluppo delle arti, della letteratura e del commercio.

7 Volerci

Abbina le parti di destra e sinistra e completa con "ci vuole" o "ci vogliono".

1. Per andare in molti Paesi _____
2. Quante ore di aereo _____
3. Con questo caldo _____
4. Con il treno veloce da Roma a Milano _____
5. Quanti soldi _____

a) una bibita fresca!
b) per comprare un biglietto InterRail?
c) poco tempo: circa due ore e mezza.
d) il passaporto, non basta la carta di identità.
e) da Milano a Stoccolma?

8 Giovani e vacanze
Riascolta l'audio 19 della Lezione 5 abbina le parti di destra e sinistra.

1. In estate ogni mezz'ora dal porto di Napoli
2. Mara e Diletta abitano vicino a Napoli
3. Da Napoli a Ischia in nave
4. A Ischia venivano a rilassarsi
5. Prima i ragazzi italiani
6. Località come Riccione

a. passavano le vacanze in località diverse.
b. sono molto popolari dagli anni cinquanta.
c. partono navi per le isole.
d. e vanno a Ischia anche perché è molto vicina.
e. ci vogliono più o meno quarantacinque minuti.
f. molte persone anziane.

9 Un giro in Puglia
Completa il dialogo tra i due ragazzi con le frasi della lista.

1. Io non la conoscevo per niente! È una città barocca, stupenda.
2. Ho saputo che sei stato ad Alberobello, in Puglia.
3. Certo... Ma come mai ti interessa la Puglia?
4. I vostri genitori vi lasciano partire da soli? Pazzesco!
5. Soprattutto dove hai dormito. Sto cercando un posto economico.
6. E poi volevo sapere se hai fatto un po' di giri nella zona. Che cosa c'è da vedere?
7. Perché non so quanto tempo ci vuole da Alberobello a Martina Franca...

i trulli di Alberobello

Davide ___
Cosimo Sì, siamo andati fuori per quattro giorni.
Davide Volevo chiederti un po' di informazioni sulla regione.
Cosimo ___
Davide Non l'ho mai vista e vorrei andarci con la mia ragazza il mese prossimo.
Cosimo ___
Davide Sì, abbiamo insistito come pazzi e quest'anno ci lasciano andare fuori per tre giorni. Per questo volevo dei consigli da te.
Cosimo Che cosa volevi sapere?
Davide ___
Cosimo Ti consiglio il campeggio dove sono stato io. Era vicino ad Alberobello e economico.
Davide Ok, dopo mi dai la mail, così vedo subito se c'è posto per una piccola tenda igloo.
Cosimo Ma sì, in generale per le tende piccole non ci sono mai problemi.
Davide ___
Cosimo Allora, siamo stati due giorni ad Alberobello e poi ci siamo spostati al mare. Però mentre eravamo ancora ad Alberobello abbiamo visitato anche Martina Franca.
Davide Ah, è una città interessante?
Cosimo ___
Davide Bene, allora proviamo ad andarci anche noi.
Cosimo Ma come volete spostarvi?
Davide Con gli autobus, perché?
Cosimo ___
In realtà non so neanche se ci sono, gli autobus!
Davide Hm, mi devo informare. E il mare com'era?
Cosimo Meraviglioso. Siamo stati nella riserva naturale di Torre Guaceto, un posto fantastico.

ESERCIZI 6

1 Problemi di salute
Abbina le parti di destra e sinistra e forma delle frasi logiche.

1. Devo andare dal dentista,
2. Secondo me la pizza di ieri non era buona,
3. Oggi Francesca è rimasta a casa
4. Non riesco a concentrarmi
5. Soffro di insonnia,
6. Piove e c'è vento: prendi la sciarpa,

a. perché ha la febbre.
b. o ti viene un brutto raffreddore!
c. non dormo mai più di quattro ore a notte!
d. ho mal di denti.
e. infatti mi fa male la pancia proprio da ieri!
f. con questo terribile mal di testa.

2 Imperativo informale irregolare
Completa la prima colonna con gli imperativi della lista. Poi completa la seconda colonna con l'imperativo negativo.

di' — sta' — bevi — esci — sii — vieni — fa' — abbi — da' — va'

	imperativo	imperativo negativo
andare		
avere		
bere		
dare		
dire		
essere		
fare		
stare		
uscire		
venire		

Adesso completa le frasi con alcune delle forme verbali che hai inserito nello schema sopra. Attenzione: due verbi sono negativi.

1. _____ il coraggio di dire quello che pensi veramente!
2. _____ nervoso, è inutile arrabbiarsi.
3. _____ qualcosa anche tu, perché devo parlare sempre e solo io?
4. _____ sincero: ti piace di più Ylenia o Manuela?
5. _____ questa sciarpa a Silvana, quando la vedi. L'ha dimenticata a casa mia.
6. _____ tutte quelle bibite gassate, non fanno bene!

3 Consigli

Qual è la soluzione per i due problemi indicati sotto? Da' dei consigli: completa le frasi coniugando i verbi della lista all'imperativo con "tu". Attenzione: in cinque casi i verbi vanno alla forma negativa.

uscire • fare • praticare • rallentare • bere • andare • stare • andare • fare • guardare • prendere • bere • leggere • mangiare

Insonnia

1. _____ cibo pesante a cena.
2. _____ caffè la sera (_____ una camomilla).
3. _____ una doccia calda prima di andare a letto.
4. _____ a dormire sempre alla stessa ora.
5. A letto _____ la televisione (_____ un libro).

Stress

6. _____ i ritmi delle tue giornate.
7. _____ delle pause durante lo studio o il lavoro.
8. _____ troppi impegni durante la settimana.
9. _____ un'attività rilassante come lo yoga.
10. _____ sempre chiuso in casa o in ufficio: ogni tanto _____ e _____ a fare una passeggiata.

4 Servire

Completa le frasi con la forma appropriata del verbo "servire".

1. Le vacanze _____ a rigenerarsi dopo un anno di studio o lavoro.
2. Non _____ a niente fare tutte queste diete, è più utile mangiare cibo sano!
3. Fare attività fisica _____ a dimagrire.
4. Se hai bisogno di un consiglio, chiama Dino o Valerio: gli amici _____ a questo, no?
5. Bere molta acqua _____ a stare bene in generale.

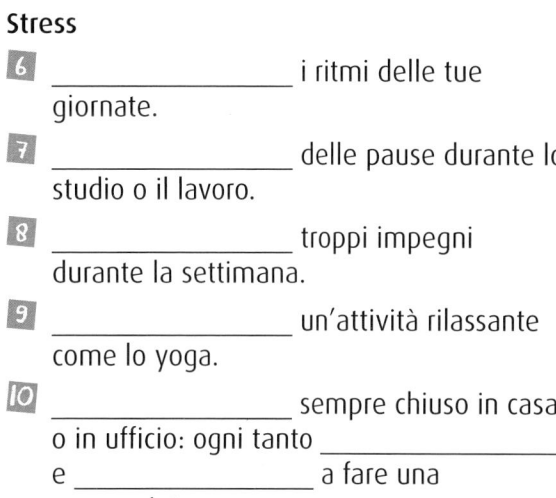

Esercizi extra?
Vai nell'@rea web di *Espresso Ragazzi* e fai gli esercizi online della Lezione 6!

www.almaedizioni.it

ESERCIZI 6

5 Imperativo e pronomi
Completa le frasi con i verbi della lista.

| parlagli | spegnilo | divertiti | cambialo | mangiale | dimmi |

1. Non usare il cellulare a tavola, _____!
2. Le verdure fanno bene alla salute, _____ tutti i giorni.
3. Giuseppe è arrabbiato con te, _____!
4. Sii sincero, _____ la verità!
5. Allora buon viaggio e _____ in montagna!
6. Non puoi modificare il tuo stile di vita in un solo giorno, _____ un po' alla volta.

6 Ancora imperativo e pronomi
Completa le frasi coniugando i verbi tra parentesi all'imperativo informale e aggiungendo il pronome appropriato, come nell'esempio.

1. Gli spaghetti al pesto non mi piacciono, (*fare*) __falli__ al pomodoro, ti prego!
2. Arrivi sempre tardi a scuola? Allora (*svegliarsi*) _____ prima la mattina!
3. La prossima volta che compri le arance, (*prendere*) _____ biologiche.
4. Dal dottore (*andare*) _____ almeno una volta all'anno.
5. Non fare la spesa al supermercato, (*fare*) _____ al mercato.
6. Il mal di testa (*curare*) _____ con questo farmaco, è molto efficace.
7. (*Alzarsi*) _____, o perdi il treno!
8. Non andare al cinema con Alessio, (*andare*) _____ con Flavio, è molto più simpatico!

7 Che cosa faccio?
Rispondi alle domande come nell'esempio. Ogni volta fa' attenzione al pronome.

> ▼ Ti chiamo oggi pomeriggio o stasera?
> ■ **Chiamami** stasera.

1. ▼ Lo chiamo o gli invio un messaggio? ■ _____ un messaggio.
2. ▼ Ti aspetto davanti a scuola o sotto casa tua? ■ _____ davanti a scuola.
3. ▼ I biscotti li preparo adesso o più tardi? ■ _____ adesso.
4. ▼ La spesa la faccio io o la fai tu? ■ _____ tu!
5. ▼ Le regalo una maglietta o una gonna? ■ _____ una maglietta.
6. ▼ Che cosa dico a Diana? ■ _____ che abbiamo appuntamento alle 5:30.
7. ▼ Gli parlo di persona o gli mando un messaggio? ■ _____ di persona.
8. ▼ Alla festa mi metto i pantaloni blu o quelli verdi? ■ _____ quelli verdi.
9. ▼ In centro ci vado in metropolitana o in bici? ■ _____ in metropolitana, sta piovendo.
10. ▼ Questo libro devo darlo a Silvio o a Marzia? ■ _____ a Marzia.
11. ▼ L'acqua la prendo naturale o minerale? ■ _____ minerale.
12. ▼ Stasera mi vesto elegante? ■ Ma no, _____ normale.

8 Imperativo negativo e pronomi
Trasforma le frasi come nell'esempio.

> Non **mi** interrompere quando ti parlo! → Non interromper**mi** quando ti parlo!

1. Non ti alzare troppo tardi! → _____
2. Non gli dare fastidio, sta studiando! → _____
3. La medicina non la prendere prima di cena. → _____
4. Non ti vestire leggero, fa freddo. → _____
5. Le arance sono pesanti, non le mangiare la sera. → _____
6. Non mi dire che stasera non vieni! → _____

9 Confronti
Completa le frasi con "meglio", "migliore" o "ottimo". Fa' attenzione a come terminano gli aggettivi.

1. Sì, quel cellulare è _____ di questo, ma è anche più caro!
2. Sta piovendo: è _____ se al cinema ci andiamo più tardi.
3. Ho mal di testa: secondo te è _____ se dormo un po' o se prendo una medicina?
4. Grazie per il pranzo, era veramente _____!
5. Tu balli molto _____ di me.
6. Grazie a questo sciroppo mi sento molto _____.
7. Per me il nuoto è _____ di tutti gli altri sport perché è più completo.
8. Dormire almeno otto ore a notte è un'_____ abitudine.

10 Esercizi di ginnastica
*Riascolta l'**audio 22** della **Lezione 6** e abbina le istruzioni all'esercizio di ginnastica corrispondente. Attenzione: alcune istruzioni corrispondono a più esercizi.*

	primo esercizio	secondo esercizio	terzo esercizio	ultimo esercizio
1 spingi la testa verso l'orecchio	☐	☐	☐	☐
2 tieni le braccia e le gambe rilassate	☐	☐	☐	☐
3 piega i gomiti	☐	☐	☐	☐
4 sta' seduto	☐	☐	☐	☐
5 piega le ginocchia	☐	☐	☐	☐
6 tieni la schiena dritta	☐	☐	☐	☐

ESERCIZI 6

1 Guadagnare salute

Ecco una pagina del sito web di "guadagnare salute", un programma del Ministero della Salute. Leggila e indica nello schema sotto se le affermazioni sono vere, false, o non presenti nel testo.

guadagnare salute
rendere facili le scelte salutari

Seguici Contattaci

Alimentazione — **Attività fisica**

Muoviti!
Per molti aspetti la vita moderna è migliore di quella di un tempo: più facile e comoda… Ma anche poco dinamica.
Per restare in forma, sii più attivo e fa' un po' di esercizio fisico ogni giorno:
- va' a scuola o in ufficio a piedi o in bicicletta (non prendere la macchina o il motorino!)
- se usi i mezzi pubblici, scendi una fermata prima e finisci il tragitto a piedi
- fa' le scale a piedi (non prendere l'ascensore, usalo solo quando sei stanco)
- esci spesso e passeggia

Perché l'attività fisica fa bene?
Praticare una regolare attività fisica è ottimo a ogni età perché serve a:
- ☐ potenziare gli organi interni, i muscoli e le ossa
- ☐ aumentare il benessere psicologico, ridurre l'ansia
- ☐ ridurre il rischio di malattie croniche come il diabete
- ☐ ridurre i problemi legati al sonno

Quanto devi muoverti?
Ecco i livelli (minimi) di attività fisica secondo l'Organizzazione Mondiale della Sanità:
- bambino / ragazzo: fa' almeno 60 minuti al giorno di attività moderata-intensa
- adulto (dai 18 ai 64 anni): svolgi almeno 150 minuti alla settimana di attività moderata o 75 minuti di attività intensa
- anziano: segui le indicazioni degli adulti; se non puoi rispettarle del tutto, non rinunciare all'attività fisica, praticala comunque almeno più volte alla settimana

Quali attività?
- intensità bassa: cammina lentamente, lava i piatti, fa' bricolage, fa' la spesa, gioca a ping pong, balla
- intensità moderata: cammina rapidamente, fa' giardinaggio, fa' ginnastica aerobica, va' in bicicletta, nuota, scia
- intensità alta: fa' una passeggiata in montagna, va' a correre, gioca a calcio, a pallavolo, o a tennis

adattato da www.guadagnaresalute.it

	vero	falso	non presente nel testo
1 La vita di oggi non è abbastanza attiva.	☐	☐	☐
2 Per spostarsi camminare è un'ottima soluzione.	☐	☐	☐
3 Fare attività fisica serve anche a conoscere gente nuova.	☐	☐	☐
4 I ragazzi possono fare attività fisica tutti i giorni.	☐	☐	☐
5 I ragazzi devono fare più attività fisica degli adulti.	☐	☐	☐
6 Gli anziani non devono fare attività fisica.	☐	☐	☐
7 I ragazzi preferiscono giocare a calcio.	☐	☐	☐
8 Gli sport hanno intensità diverse.	☐	☐	☐

TEST C — LEZIONE 5 E 6

LEGGERE

Hai un viaggio in programma? Ecco una lista di consigli da seguire prima della partenza. Completala con i verbi (o i verbi e i pronomi) della lista.

va'	non dimenticare	controllali	divertiti	da'
informati	fa'	non portare	chiedilo	non dimenticare
falli	non lasciare	mettila	va'	non uscire

Prima di partire per un Paese straniero

1. _____ sul Paese di destinazione: che tempo fa? Come sono i trasporti? È necessario vaccinarsi? (Se ci sono vaccini obbligatori, 2. _____ un paio di settimane prima). 3. _____ sul sito www.viaggiaresicuri.it: contiene informazioni utili su molti Paesi. Se vai in un posto non molto "tranquillo", forse è meglio pagare un'assicurazione extra.

4. _____ la fotocopia dei tuoi documenti (carta di identità, passaporto) e 5. _____ in un posto separato; sempre sui documenti: 6. _____! Sono ancora validi?! Se per la tua destinazione ci vuole un visto speciale, 7. _____ in ambasciata qualche settimana prima di partire.

Se viaggi in un Paese dove non c'è l'euro: 8. _____ in banca e cambia i soldi (è meglio cambiarli nel tuo Paese: all'estero è meno conveniente).

Se viaggi in aereo: 9. _____ di fare il check in online!

Se viaggi con un volo low cost: controlla peso e dimensioni del bagaglio consentito. 10. _____ troppe cose, prendi solo quelle essenziali!

Scarica le *app* e le mappe del posto dove vai: quelle offline sono più pratiche perché per aprirle non serve la connessione wifi.

Poco prima di uscire: 11. _____ piatti sporchi in cucina.

12. _____: cellulare, soldi, chiavi di casa, documenti, biglietto, libro o tablet, lista di indirizzi utili e dell'albergo, guida, bancomat o carta di credito.

13. _____ le chiavi di casa a un amico o a un vicino simpatico: può essere utile in caso di problemi con la luce, l'acqua, il gas...

Se viaggi in aereo: per passare i controlli in aeroporto ci vuole molto tempo: 14. _____ di casa troppo tardi, devi stare in aeroporto circa due ore prima dell'imbarco!

Hai pensato a tutto? Allora buon viaggio e 15. _____!

adattato da www.invaligia.com

Totale: _____ / 30 punti (2 x elemento)

TEST C — LEZIONE 5 E 6

2 PARLARE

Racconta un viaggio indimenticabile che hai fatto: lungo o breve, magnifico o terribile, riposante o stressante, divertente o noioso... va bene tutto! Raccogli le idee sotto, e quando sei pronto inizia a raccontare.

quanto è durato il viaggio: _____
dove sono andato: _____
come mi sono spostato: _____
com'era il luogo: _____
che cosa ho fatto: _____
con chi ero: _____
chi ho conosciuto: _____
come mi sentivo: _____

Totale: _____ / 25 punti

3 ASCOLTARE

Ascolta due volte la telefonata tra una signora e Gianni, che lavora per un'associazione che organizza vacanze per ragazzi. Poi indica se le affermazioni sono vere o false.

Barrea (Abruzzo)

vero falso

1. La signora ha saputo che "Coop Vacanze Ragazzi" organizza soggiorni grazie a una pubblicità su internet. ☐ ☐
2. La signora ha già trovato una vacanza adatta a suo figlio e vuole più informazioni. ☐ ☐
3. La signora non conosce bene Barrea. ☐ ☐
4. Il campeggio che propone Gianni è lontano da Barrea. ☐ ☐
5. Il programma "English" propone attività nella natura in lingua inglese. ☐ ☐
6. Per la signora il programma "English" non è adatto a suo figlio. ☐ ☐
7. La vacanza-studio del figlio in Scozia è andata molto bene. ☐ ☐
8. Per la signora il programma "Avventura" è più interessante del programma "English". ☐ ☐
9. Il programma "Avventura" dura minimo due settimane. ☐ ☐
10. Chi prenota per due persone riceve uno sconto del 10%. ☐ ☐

Totale: _____ / 20 punti (2 x elemento)

4 SCRIVERE

Sai gestire la rabbia e lo stress? Rispondi al questionario e scoprilo! Usa minimo 120 parole.

Gestire lo stress
Che cosa fai in queste situazioni?
Come reagisci? Come ti senti?

1. Domattina devi consegnare una breve relazione al professore di scienze, ma non hai ancora scritto niente.

2. Questa settimana devi fare mille cose, ma stai male e non puoi uscire.

3. Non riesci ad addormentarti.

4. Tra poche settimane cambi scuola.

5. Hai litigato con un amico / un'amica molto importante.

6. Domani hai l'esame di fine ciclo scolastico.

7. Hai avuto una discussione molto brutta con i tuoi genitori.

8. Sei stanco e devi riposarti, ma i tuoi vicini stanno ascoltando musica a volume molto alto.

9. Ora rileggi le tue risposte: secondo te sai gestire lo stress?

10. Che cosa puoi / devi imparare a fare per vivere in modo più sereno?

adattato da http://test.doctissimo.it

Totale: _____ / 25 punti

PUNTEGGIO TOTALE: _____ / 100 punti

ESERCIZI 7

1 Tipi di lavoro
Che tipo di lavoro hanno queste persone? Abbinale alle espressioni della lista corrispondenti.

| stagionale | full time | part time | a tempo determinato |

Tipo di lavoro:

1 Mariangela
Per guadagnare un po' di soldi lavoro in una gelateria, ma solo la mattina. _____

2 Danilo
Non frequento l'università, quindi posso lavorare tutta la giornata. _____

3 Serena
Ho trovato un lavoro interessante, ma purtroppo solo per sei mesi. _____

4 Omar
A settembre vado a raccogliere le mele in Trentino Alto Adige. _____

2 Bisogna
Forma delle frasi logiche. Attenzione: sono possibili soluzioni diverse.

1	Per trovare lavoro all'estero		bere tè o caffè la sera.
2	Al cinema		mangiare cibo grasso.
3	Per comprare una casa in centro		essere per forza laureati.
4	Per riuscire a dormire senza problemi	bisogna	parlare una o più lingue straniere.
5	Questa formazione è gratis, quindi	non bisogna	pagare niente.
6	Per entrare sul mercato del lavoro		studiare da pagina 36 a pagina 46.
7	Per stare in forma		avere uno stipendio alto.
8	Per domani		spegnere il cellulare.

3 I progetti di Bruno
Che progetti ha Bruno? Completa il testo coniugando i verbi della lista al futuro. I verbi non sono in ordine.

| cominciare | innamorarsi | cercare | partire | conoscere |

| andare | fare | essere | sapere | arrivare |

Dopo la maturità io non _____ all'università, _____ subito per Dublino e _____ di realizzare il mio sogno di sempre: aprire un ristorante di specialità siciliane all'estero. All'inizio forse _____ molto solo, ma con il tempo _____ altri ragazzi. Magari _____ anche di una ragazza irlandese! Comunque tutto questo lo _____ tra due anni: nel frattempo quest'estate _____ a frequentare un corso di inglese, così quando _____ a Dublino _____ già parlare bene!

4 Se andrai avanti così...

Completa il cruciverba con i verbi al futuro. Alla fine nelle caselle grigie apparirà la fine della frase indicata sotto.

Orizzontali →

- **1** essere (*tu*)
- **3** comprare (*lui*)
- **9** essere (*noi*)
- **10** avere (*tu*)
- **12** arrivare (*tu*)
- **14** abitare (*loro*)
- **15** vivere (*io*)
- **16** scoprire (*tu*)
- **18** essere (*io*)
- **19** fare (*tu*)
- **21** volere (*tu*)
- **22** leggere (*lei*)
- **23** comprare (*tu*)
- **24** vedere (*voi*)
- **25** stare (*loro*)
- **26** lavorare (*tu*)
- **27** avere (*loro*)

Verticali ↓

- **2** arrivare (*noi*)
- **4** mangiare (*io*)
- **5** pagare (*io*)
- **6** dovere (*tu*)
- **7** pagare (*voi*)
- **8** vivere (*tu*)
- **9** essere (*loro*)
- **11** fare (*io*)
- **13** insegnare (*lei*)
- **17** andare (*voi*)
- **20** avere (*io*)

Soluzione:
Se andrai avanti così, _____ !

Esercizi extra?
Vai nell'**@rea web** di **Espresso Ragazzi** e fai gli esercizi online della Lezione 7!

www.almaedizioni.it

ESERCIZI 7

5 Superlativo assoluto
Completa le frasi con le due forme del superlativo assoluto degli aggettivi della lista. Gli aggettivi non sono in ordine. Segui l'esempio e fa' attenzione a come terminano gli aggettivi.

> Questo corso di formazione è __molto noioso / noiosissimo__. ~~noioso~~

| grande | vicino | interessante | basso | bravo | utile |

1. Gloria vuole cambiare lavoro perché il suo stipendio è _____ / _____.
2. Il libro che mi hai consigliato è _____ / _____, grazie!
3. Fare uno stage è _____ / _____ per acquisire più esperienza professionale.
4. Voglio lavorare per una piccola società, le aziende _____ / _____ mi spaventano!
5. Sono fortunata perché la mia casa e la scuola sono _____ / _____.
6. Non è vero che non sai parlare italiano, sei _____ / _____!

6 Mettere o metterci?
Completa le frasi con il presente del verbo "mettere" o "metterci".

1. Di solito per andare a scuola prendo la metropolitana, l'autobus _____ dieci minuti in più.
2. Mia sorella _____ sempre gli stivali insieme ai jeans.
3. Da casa alla palestra la sera in motorino (io) _____ circa dieci minuti perché c'è poco traffico.
4. Dai, ti stiamo aspettando, quanto _____?!
5. Mio padre si arrabbia con me perché secondo lui non _____ mai in ordine la mia camera.

7 Si impersonale
Completa le frasi con il "si" impersonale e con i verbi della lista. I verbi non sono in ordine.

| fare | contattare | lavorare | fare | allegare | descrivere |

1. In genere al CV _____ una lettera di presentazione.
2. Oggi _____ le aziende via mail.
3. Nel CV _____ le esperienze professionali e il percorso di formazione.
4. Ormai _____ foto soprattutto con lo smart phone.
5. Nei centri commerciali spesso _____ anche il weekend.
6. Spesso prima di trovare un lavoro pagato, _____ uno stage.

8 Caro Direttore...

Ecco la pagina "Lettere al direttore" del sito web del giornale "Il gazzettino". Leggi il testo, poi in funzione del contesto seleziona il significato delle espressioni sotto.

Gentile direttore, mio figlio ha deciso di fare un'esperienza all'estero, a Londra. Si criticano spesso i ragazzi di oggi, io invece li trovo coraggiosissimi, sempre pronti ad accettare lavori umili e stipendi bassi. Dopo la partenza, nostro figlio ha lasciato una lettera per noi genitori: vorrei condividerla con voi, perché ai miei occhi mostra come sono veramente i ragazzi che vanno via. Cordiali saluti, C. F.

"Cari mamma e papà, tra poco sarò a Londra... Vi prego, non vi preoccupate: vivrò a solo due ore di aereo da casa! Questa esperienza mi aiuterà a capire chi sono: a un certo punto bisogna cominciare a camminare sulle proprie gambe, a seguire la propria strada. Voglio dimostrare al mondo che sono in grado di lavorare e gestire la mia vita. Se questa esperienza andrà bene, starò fuori per un bel po' di tempo, se invece andrà male tornerò dalle persone a cui voglio bene senza guardarmi indietro. Sarò comunque soddisfatto perché avrò più esperienza, saprò parlare una lingua straniera e mi sentirò più maturo. Mi mancherete, rivedersi a Natale sarà bellissimo. Vi voglio bene. A."

Caro lettore, pubblico volentieri la lettera di vostro figlio, perché in poche righe descrive lo stato d'animo e le aspirazioni di tanti ragazzi che scelgono di spiccare il volo lontano da casa. A volte si va via per necessità, ma si parte sempre per mettersi alla prova.

adattato da www.ilgazzettino.it

primo paragrafo
1. ai miei occhi — [a] secondo me [b] per me e mia moglie

secondo paragrafo
2. camminare sulle proprie gambe — [a] aprire un'azienda [b] vivere senza l'aiuto della famiglia
3. per un bel po' di tempo — [a] anche se lì il tempo non sarà bello [b] a lungo
4. senza guardarmi indietro — [a] senza pentirmi di niente [b] senza avere mal di testa

terzo paragrafo
5. spiccare il volo — [a] prendere l'aereo [b] lanciarsi in nuove avventure
6. mettersi alla prova — [a] testare le proprie capacità [b] divertirsi come un pazzo

9 Una giornata "porte aperte"

Ascolta il servizio sull'Open Day dell'Istituto Europeo di Design e seleziona l'opzione esatta.

1. L'Istituto Europeo di Design:
   [a] ha una sede all'estero. [b] ha sedi in Italia e all'estero. [c] ha una sede in Italia.
2. Durante l'Open Day si potrà:
   [a] seguire una lezione. [b] capire come funziona l'Istituto. [c] lasciare il proprio CV.
3. L'Istituto Europeo di Design offre:
   [a] solo corsi per laureati. [b] solo corsi per diplomati. [c] conferenze per chi lavora già.
4. A quale di questi mestieri <u>non</u> prepara l'IED?
   [a] ingegnere [b] web designer [c] architetto d'interni
5. Mentre si frequenta un corso allo IED si può:
   [a] studiare la lingua degli altri studenti. [b] andare a vivere in Spagna o in Brasile.
   [c] fare uno stage in azienda.

ESERCIZI 8

1 Annunci
Completa con le parole della lista gli annunci del sito easystanza.it, dove studenti e giovani lavoratori cercano e offrono una sistemazione in diverse città italiane (qui: Roma).

| ben collegato | affittasi | centrale | condominio | camera singola | posto letto | ammobiliato |

1 Lena - 19 anni - Studentessa di Traduzione tecnica
Ciao, sono una studentessa austriaca, sto cercando un _____ in camera con un'altra ragazza.

2 Simone - 19 anni - Studente di Ingegneria
Salve a tutti, vivo da poco a Roma. Cerco un appartamento _____ insieme a mio fratello di 24 anni.

3 Emilia - 21 anni - Studentessa di Fisica e lavoratrice
Ciao, a casa mia tra due mesi si libera una _____. Siamo in quattro e cerchiamo un'altra persona. Qualcuno è interessato?

4 Rachele - 26 anni - Lavoratrice
_____ camera doppia in appartamento di due stanze. Spese di _____ incluse. Disponibile da subito.

5 Nabil - 24 anni - Studente di Medicina
Ciao, sono uno studente libanese, studierò qui a Roma per due semestri, cerco una stanza in un quartiere _____, o _____ con l'università.

2 Bello
Completa il dialogo con la forma corretta di "bello".

Donatella Tu e i tuoi genitori vi siete trasferiti in città pochi anni fa, vero?
Valentino Sì, è stato un _____ cambiamento.
Donatella In che senso?
Valentino Be', prima avevamo una casa spaziosa e un _____ giardino dove io potevo giocare a basket, ora invece viviamo in un appartamento più piccolo in un quartiere rumoroso!
Donatella Ok, però prima abitavate in un posto isolato, per venire a scuola ci mettevi più di un'ora! Adesso sei in una zona ben collegata, con tanti _____ negozi e un _____ parco vicino a casa.
Valentino Ma sì, dai, alla fine abitiamo in un _____ appartamento, lo so... Abbiamo anche una _____ terrazza... Ma mi mancano molto il silenzio e a tranquillità... Ogni tanto ho bisogno di un _____ fine settimana lontano dal caos della città.

3 Frasi al condizionale presente

Unisci con una freccia (→) le 3 colonne e forma delle frasi logiche. Attenzione: sono possibili soluzioni diverse.

1 Io	ci darebbero	una soluzione al problema.
2 Domani	non sarebbe	la tua bici per un paio di giorni?
3 Il mio sogno	potresti darmi	senza i miei genitori.
4 Al posto tuo	mi daresti	al cinema!
5 Saverio,	sarebbe andare in vacanza	in campagna.
6 Forse i tuoi genitori	cercherei casa	la loro macchina.
7 Giorgia,	potremmo andare	vicino all'università.
8 Secondo me la tua idea	non vivrei mai	una penna, per favore?

4 Ancora condizionale

Completa le frasi coniugando i verbi tra parentesi al condizionale presente.

1. Serena (*volere*) _____ comprare un tablet nuovo.
2. (*Noi - potere*) _____ andare in vacanza in Turchia, vi va?
3. Mi (*piacere*) _____ abitare in un quartiere diverso.
4. Mi scusi, signora, (*potere*) _____ dirmi che ora è?
5. Voi due (*avere*) _____ voglia di abitare con me e Lucio?
6. Non credo che Barbara (*venire*) _____ con noi al lago.
7. Senta, scusi, ci (*portare*) _____ un po' di pane, per favore?
8. Al posto tuo (*studiare*) _____ di più.
9. In una casa così silenziosa (*io - dormire*) _____ benissimo!
10. I miei genitori non mi (*dare*) _____ mai il permesso di uscire la sera tardi.

5 Per concludere sul condizionale

Completa le frasi con i verbi della lista.

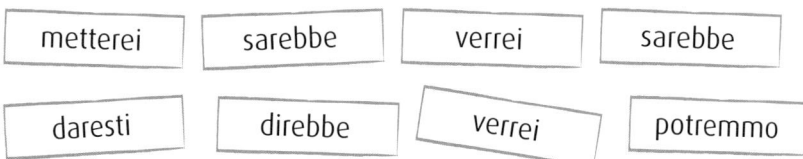

metterei · sarebbe · verrei · sarebbe · daresti · direbbe · verrei · potremmo

1. Genova è una città super interessante, ci _____ a vivere domani!
2. Secondo me Mario _____ più carino con i capelli più corti.
3. Mi scusi, mi _____ l'ora, per favore?
4. _____ volentieri a studiare a casa tua, ma non mi sento bene.
5. Vuoi il mio parere? Io non _____ mai la gonna gialla con la maglietta arancione.
6. Mi _____ il numero di cellulare di tuo fratello?
7. Se hai tempo, _____ andare al cinema domani.
8. Non posso abitare da solo, _____ una soluzione troppo cara per me.

ESERCIZI 8

ESERCIZI 8

6 Che o di?
Completa le frasi con "che" o "di". Attenzione: in un caso devi aggiungere l'articolo determinativo.

1. Sì, qui c'è traffico, ma preferisco mille volte vivere in città _____ in campagna.
2. Secondo me è più divertente abitare con altre persone _____ da soli!
3. L'appartamento di Annamaria è più grande _____ mio.
4. Incredibile, dentro casa fa più freddo _____ fuori!
5. Bologna è una città molto meno caotica _____ Roma.
6. Per alcuni ragazzi è più pratico andare a scuola in motorino _____ prendere l'autobus.

7 Posizione dell'aggettivo
Dove va l'aggettivo? Sottolinea l'opzione corretta tra quelle **evidenziate**.

1. Nella mia **vecchia** casa **vecchia** mi trovavo meglio che in quella dove abito adesso.
2. Nicola Piovani è un **grande** compositore **grande** di musiche per il cinema.
3. Non potrei mai prendere in affitto una **cara** casa **cara**.
4. Non amiamo i **nuovi** palazzi **nuovi**, preferiamo abitare in una palazzina d'epoca, ha più fascino.
5. Che **grande** camera **grande**! Hai tanto spazio tutto per te!

8 Cruciverba: mobili
Completa il cruciverba. Alla fine, nelle caselle grigie, troverai il nome della macchina che si usa per lavare i vestiti (nella foto).

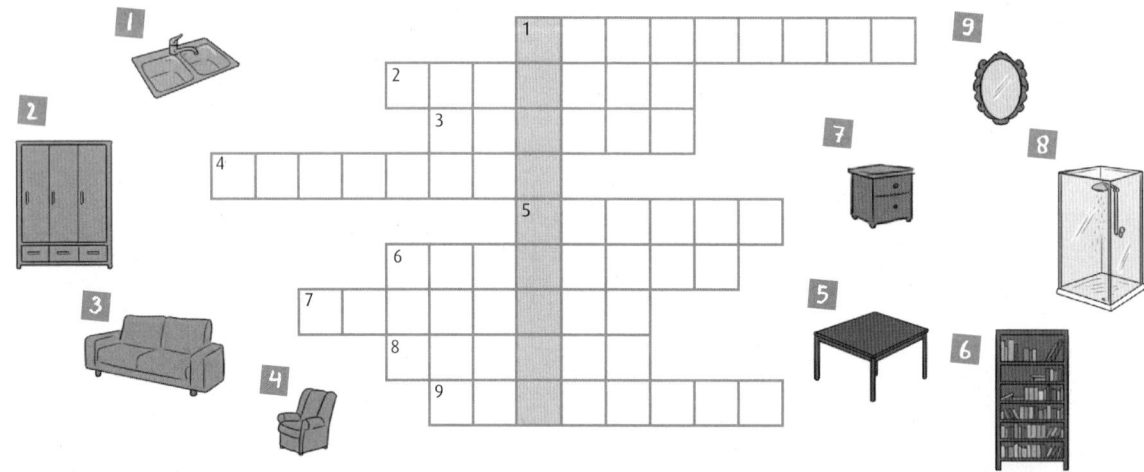

9 Informazioni sull'Italia
Completa le domande con il superlativo relativo.

1. ■ Qual è (isola / grande) _____ d'Italia? ▼ È la Sicilia.
2. ■ Qual è (regione / piccola) _____ d'Italia? ▼ È la Valle d'Aosta.
3. ■ Qual è (monte / alto) _____ d'Italia? ▼ È il Monte Bianco.
4. ■ Qual è (fiume / lungo) _____ d'Italia? ▼ È il Po.
5. ■ Qual è (città / antica) _____ d'Italia? ▼ Secondo alcuni è Matera.

10 Le abitazioni degli italiani

Ascolta il reportage su come e dove vivono gli italiani, poi osserva le immagini e seleziona l'opzione esatta.

1 La maggior parte degli italiani abita in:

a    b

2 La parte più importante della casa è:

a    b    c    d

3 Prima era di moda, ora non più:

a    b    c

4 In casa gli italiani amano soprattutto:

a    b    c

5 Così cambieranno le dimensioni delle abitazioni in futuro:

a    b    c

ESERCIZI 8

11 Espressioni
Seleziona la risposta appropriata al contesto.

1 Domani ho un esame importante.
- a. In bocca al lupo!
- b. Altrettanto.

2 Buon appetito!
- a. Altrettanto.
- b. Mamma mia!

3 In bocca al lupo!
- a. Che depressione.
- b. Crepi!

4 Dove stai andando?
- a. Da Marcello.
- b. A Marcello.

5 Vorresti fare il giro del mondo?
- a. Ci sentiamo dopo.
- b. Magari!

6 Domani partite per le vacanze, vero?
- a. Che incubo!
- b. Sì, non vedo l'ora!

12 A casa con mamma e papà
Leggi il testo sul perché i giovani italiani restano a vivere con i genitori a lungo. In ogni riga c'è una parola in più. Trovala e scrivila nella colonna destra, come nell'esempio.

1. Circa di il 65% dei giovani adulti italiani, cioè delle persone tra i 18 e i 34 anni, — **di**
2. ci vive ancora in famiglia. La percentuale è del 34% in Francia e in Inghilterra, del 42% — _____
3. in Germania e del 16% in Danimarca. È la quella seconda percentuale più alta in Europa — _____
4. (solo in Croazia la situazione è più peggiore). — _____
5. Restano a casa soprattutto i ragazzi; meno le ragazze sono più indipendenti. — _____
6. Il dato più sorprendente è che spesso i giovani italiani ne rimangono a vivere con la — _____
7. famiglia di origine anche quando hanno un lavoro. Vorrebbero mai lasciare la casa dei — _____
8. genitori, ma non possono lo farlo per una serie di motivi: gli affitti molto cari — _____
9. nelle le grandi città, la disoccupazione giovanile, il lavoro precario e gli stipendi bassi. — _____
10. In Italia, come in Spagna e in Grecia, spesso le famiglie, e non lo Stato, aiutano con i — _____
11. ragazzi a pagare le spese: ovviamente aiutare un figlio a vivere fuori cui sarebbe molto — _____
12. più costoso che in mantenerlo a casa. — _____

adattato da www.stampa.it

Esercizi extra?
Vai nell'@rea web di **Espresso Ragazzi** e fai gli esercizi online della Lezione 8!

www.almaedizioni.it

TEST D — LEZIONE 7 E 8

1 PARLARE (INTERAZIONE)

Completa lo schema. Poi confronta le tue risposte con quelle di un compagno e insieme motivate le vostre risposte. Seguite il modello. Se hai bisogno del nome di una professione in italiano, chiedi all'insegnante o usa un dizionario.

- Io non abiterei mai in un Paese come...
- Perché?
- Perché.... Invece abiterei...

	un Paese straniero in cui abiterei	un Paese straniero in cui non abiterei	un lavoro che farei volentieri	un lavoro che non farei mai
aspetti positivi o negativi				

Totale: _____ / 25 punti

2 ASCOLTARE 🔊 37

Ascolta due volte il reportage sulla Festa dei Vicini a Torino, poi completa le frasi. Attenzione: sono possibili risposte diverse.

1. La Festa dei Vicini serve a promuovere le relazioni tra _____ e di quartiere.
2. La Festa dei Vicini di Parigi, nata nel 1999, è _____.
3. Nel 2004 la Festa dei Vicini è diventata un evento importante in _____.
4. Oggi partecipano alla Festa _____ di persone.
5. L'evento si tiene _____ in primavera o in autunno.
6. Durante la Festa gli abitanti di Torino utilizzano _____ della città.
7. Durante la Festa a Torino si usano anche gli spazi comuni, come _____.
8. Il giorno della Festa si portano _____ e cibo.
9. Per essere nella programmazione ufficiale _____ una mail al Comune di Torino.
10. Partecipare con entusiasmo e conoscere persone diverse è _____.

Totale: _____ / 20 punti (2 x elemento)

TEST D — LEZIONE 7 E 8

3 SCRIVERE

Vuoi scrivere una mail a un amico italiano / un'amica italiana per raccontargli/le i tuoi progetti futuri. Spiegagli/le che cosa vorresti fare dopo la scuola, dove ti piacerebbe essere tra cinque anni, ecc.; raccontagli/le i tuoi eventuali dubbi (su quali aspetti sei ancora indeciso?) e chiedigli/le la sua opinione. Puoi ispirarti alle categorie della lista, o pensare ad altre cose. Usa minimo 140 parole.

| lavoro | casa | famiglia | viaggi | studi | hobby |

Totale: _____ / 25 punti

4 LEGGERE

Leggi l'articolo e seleziona l'opzione esatta alla pagina successiva.

Generazione Erasmus

Ti interessa fare un'esperienza all'estero? Facilissimo: grazie al progetto Erasmus+ potrai studiare o fare uno stage in un Paese straniero per un periodo che va dai 2 ai 12 mesi. Possono partecipare tutti gli studenti dell'Unione Europea, della Norvegia, dell'Islanda e della Turchia.
Due ragazzi italiani raccontano la loro esperienza.

Agostino

La mia esperienza Erasmus in Grecia (a Salonicco) è stata divertentissima! Ho fatto 7 esami senza problemi di lingua: i professori parlavano tutti un inglese ottimo. La cosa più incredibile dell'università è che i libri non si pagano!
Gli studenti hanno uno sconto del 30% sui trasporti, ma la sera spesso si esce in taxi perché costa pochissimo. In Grecia si passa il tempo libero nei ristoranti, nei bar e nei club, si mangia bene e si spende poco.
Per la sistemazione: l'università mi ha dato una camera singola in una residenza per studenti, 150 euro al mese, spese incluse.
Per avere più soldi ho cercato un lavoro part time, ma lì gli stipendi sono bassissimi: davo lezioni private di italiano, ma guadagnavo pochissimo, meno di 10 euro l'ora. Con degli stipendi più alti la Grecia sarebbe il Paese europeo più interessante per un giovane!

Beatrice

Ciao, sono una studentessa di Informatica e ho fatto l'Erasmus a Strasburgo, in Francia. Una città davvero stimolantissima e multiculturale, piena di studenti africani.
L'università francese è molto simile alla scuola superiore italiana, con piccole classi e test quasi ogni settimana. Abitavo in una residenza universitaria, in un bel monolocale con un computer e il wifi. Pranzare e cenare all'università costa davvero poco, meno di 3 euro… Certo, non si mangia bene come in Italia (abbiamo la cucina più buona!), ma bisogna adattarsi! I trasporti sono incredibili, ci metti pochi minuti ad arrivare dove vuoi con il tram o l'autobus. Ora sono di nuovo in Italia, ma a Strasburgo ci tornerei subito a lavorare!

adattato da http://forum.informagiovani-italia.com

	a Salonicco	a Strasburgo
1 Gli studenti pagano meno per i trasporti.	☐	☐
2 L'università funziona più o meno come la scuola superiore in Italia.	☐	☐
3 All'università i professori parlano bene inglese.	☐	☐
4 I trasporti funzionano benissimo.	☐	☐
5 Chi lavora guadagna molto poco.	☐	☐
6 Mangiare all'università costa molto poco.	☐	☐
7 Il taxi è molto economico.	☐	☐
8 All'università non si paga niente per i libri.	☐	☐
9 Si mangia molto bene.	☐	☐
10 Ci sono molti studenti stranieri.	☐	☐

Totale: _____ / 30 punti (3 x elemento)

PUNTEGGIO TOTALE: _____ / 100 punti

appunti

appunti

appunti

appunti

ESPRESSO Ragazzi 2 è stato concepito a partire da *NUOVO Espresso 2*, a sua volta rielaborato sulla base dei contenuti di *Espresso 2*, di Maria Balì e Giovanna Rizzo e per la Lezione 1 sulla base di *Espresso 1* di Giovanna Rizzo e Luciana Ziglio.

Direzione editoriale: Ciro Massimo Naddeo
Videocorso: sceneggiatura di Marco Dominici, attività didattiche di Marco Dominici ed Euridice Orlandino
Redazione: Chiara Sandri

Copertina: Lucia Cesarone
Progetto grafico: Lucia Cesarone e Gabriel de Banos
Impaginazione: Gabriel de Banos
Illustrazioni: Roberto Ghizzo
Progetto audio: Vanni Cassori

Un sentito ringraziamento alle professoresse Irene Dei (Belgio) e Katrin Kruglhuber (Austria) per la loro preziosa consulenza.

© 2016 ALMA Edizioni - Firenze
Tutti i diritti riservati

Printed in Italy
ISBN 978-88-6182-409-6

ALMA Edizioni
Viale dei Cadorna, 44
50129 Firenze
alma@almaedizioni.it
www.almaedizioni.it

L'Editore è a disposizione degli aventi diritto per eventuali mancanze o inesattezze. I diritti di traduzione, di memorizzazione elettronica, di riproduzione o di adattamento totale o parziale, con qualsiasi mezzo (compresi i microfilm, le riproduzioni digitali e le copie fotostatiche), sono riservati per tutti i Paesi.

Fonti iconografiche

copertina: Cathy Yeulet/123RF; p. 8 | Syda Productions/Shutterstock; p. 11 | g-stockstudio/Shutterstock; p. 14 | Andrii_K/Shutterstock, photosync/Shutterstock, 5/Shutterstock, Matryoha/Shutterstock, elenovsky/Shutterstock, Surrphoto/Shutterstock, Kucher Serhii/Shutterstock, Adisa/Shutterstock, Tarzhanova/Shutterstock, component/Shutterstock; p. 16 | Mariyana M/Shutterstock, YIU CHEUNG/Shutterstock, Nar Studio/Shutterstock, Only Fabrizio/Shutterstock, Nattika/Shutterstock, Photographee.eu/Shutterstock, pirtuss/Shutterstock, Louella 938/Shutterstock; p. 17 | Goodluz/Shutterstock, Volt Collection/Shutterstock, Norman Pogson/Shutterstock; p. 19 | Khvost/Shutterstock, ruzanna/Shutterstock, 5/Shutterstock, Karkas/Shutterstock, Ruslan Kudrin/Shutterstock, Hurst Photo/Shutterstock, Stefano Tinti/Shutterstock; p. 23 | Nadino/Shutterstock, Gelpi JM/Shutterstock, sebra/Shutterstock; p. 25 | Ollyy/Shutterstock; p. 28 | auremar/Shutterstock, Goodluz/Shutterstock; p. 30 | Michelangelo Gratton/Shutterstock, Dubova/Shutterstock, mauro_grigollo/Shutterstock, BAHDANOVIC ALENA/Shutterstock, dvoevnore/Shutterstock; p. 38 | Kisialiou Yury/Shutterstock; p. 39 | Fotocrisis/Shutterstock, Dmitry Naumov/Shutterstock; p. 40 | Anna Hoychuk/Shutterstock; p. 46 | kotin/Shutterstock, Cherry Merry/Shutterstock, txking/Shutterstock, Monkey Business Images/Shutterstock, KPG Payless 2/Shutterstock, Tom Prokop/Shutterstock, Jeanne McRight/Shutterstock, Loreanto/Shutterstock; p. 51 | DPiX Center/Shutterstock, Duvoba/Shutterstock, paloma de los rios/Shutterstock, Dubova/Shutterstock; p. 53 | Giulio_Fornasar/Shutterstock; p. 55 | michaeljung/Shutterstock, Di Studio/Shutterstock, Toranico/Shutterstock, Fotoluminate LLC/Shutterstock, pkchai/Shutterstock, Armin Staudt/Shutterstock; p. 56 | maradon 333/Shutterstock; p. 59 | Jack Aiello/Shutterstock; p. 61 | melis/Shutterstock, Syda Productions/Shutterstock; p. 71| okili77/Shutterstock; p. 73 | zeljkodan/Shutterstock; p. 76 | Aigars Reinholds/Shutterstock, karamysh/Shutterstock; p. 77 | RimDream/Shutterstock; p. 81 | Eugene Sergeev/Shutterstock, GoneWithTheWind/Shutterstock; p. 84 | the palms/Shutterstock, Dmitriy Yakovlev/Shutterstock; p. 85 | Lucky Business/Shutterstock; p. 86 | Inu/Shutterstock; p. 88 | kamontadggg/Shutterstock, Vesna Cvorovic/Shutterstock, Luminis/Shutterstock, file404/Shutterstock; p. 103 | Kovalchuk Oleksandr/Shutterstock, Robyn MacKenzie/Shutterstock, gutsulyak/Shutterstock, Diana Taliun/Shutterstock; p. 104 | Chepko Daniel Vitalevich/Shutterstock; p. 105 | www.BillionPhotos.com/Shutterstock; p. 109 | pixelheadphoto/Shutterstock; p. 115 | Andriy Solovyov/Shutterstock, www.BillionPhotos.com/Shutterstock; p. 117 | dizain/Shutterstock; p. 118 | Photographee.eu/Shutterstock; p. 123 | freeskyline/Shutterstock, Marko Tomicic/Shutterstock; p. 132 | Mihai-Bogdan/Shutterstock; p. 133 | Hirohito Takada/Shutterstock; p. 134 | Lena Ivanova/Shutterstock, p. 139 | CHAjAMP/Shutterstock, kichigin/Shutterstock, Angela Hawkey/Shutterstock, dotshock/Shutterstock, Ana del Castillo/Shutterstock; p. 145 | Ollyy/Shutterstock; p. 146 | Olly/Shutterstock, Zerbor/Shutterstock; p. 149 | Eugene Sergeev/Shutterstock, Monkey Business Images/Shutterstock, Irina Kozorog/Shutterstock, mklrnt/Shutterstock, Jorgegrafias/Shutterstock, Samuel Borges Photography/Shutterstock; p. 152 | BestPhotoStudio/Shutterstock, Di Studio/Shutterstock, Borysevych.com/Shutterstock, ISchmidt/Shutterstock, Minerva Studio/Shutterstock, Anetlanda/Shutterstock; p. 156 | sianc/Shutterstock, Chris Warham/Shutterstock; p. 157 | Elena Rostunova/Shutterstock, mklrnt/Shutterstock, auremar/Shutterstock; p. 161 | exshutter/Shutterstock; p. 162 | Iakov Kalinin/Shutterstock, r.nagy/Shutterstock; p. 163 | Antonio Gravante/Shutterstock; p. 165 | Voronin76/Shutterstock; p. 171 | Maksym Bondarchuk/Shutterstock; p. 178 | Sashkin/Shutterstock; p. 179 | Breadmaker/Shutterstock, stocker number 2/Shutterstock, Stefano Cavoretto/Shutterstock, Goran Bogicevic/Shutterstock, Milles Studio/Shutterstock; p. 182 | Vlue/Shutterstock; p. 183 | @erics/Shutterstock, Valery Rokhin/Shutterstock, Pecold/Shutterstock